金融機関のシステム監査の実務
実効性ある監査のために

新日本有限責任監査法人
[編著]

Business of the System Audit of a Financial Institution

株式会社きんざい

 きんざいプロフェッショナルとは、㈱きんざい出版センター刊行の出版物で金融実務において専門性が高く、かつ実務・体系的に解説されている書籍に対して付与される。

まえがき

　情報処理技術・通信技術が高度に発達した現代社会において、企業活動における情報システムの重要性は高まる一方となっている。特に金融機関の情報システムは、いまや社会基盤として機能しており、とりわけ高いレベルの信頼性や安全性が求められている。

　こうした状況下、2011年3月の東日本大震災を契機とした金融機関におけるシステム障害を背景に、金融庁は同年7月に金融機関に対して「システムリスクの総点検」を要請した。当該点検項目にもあるとおり、金融庁は金融機関におけるシステム障害の未然防止と障害発生時の影響拡大防止のためのシステム監査の充実を求めている。

　多くの金融機関ではこれまでも金融庁の監督指針や金融検査マニュアルの主旨に沿ったシステム内部監査を実施しているものの、その実効性については必ずしも十分とはいえない状況である。

　一方で、金融機関の経営者やシステム部門・内部監査部門の担当者と接していると、「システムリスクの総点検」の要請が発せられて以来、多くの金融機関ではシステムリスク管理やシステム監査の重要性に対する認識がこれまで以上に強くなってきていると感じられる。実際に『新日本有限責任監査法人』金融アドバイザリー部にはシステム外部監査に関する問合せが数多くきている。

　こうした折、金融業界ではシステム内部監査に関する実務書を求める声が日増しに強くなってきているとの話を『株式会社きんざい』よりうかがい、このたび本書を刊行する運びとなった。

　本書は金融機関におけるシステム内部監査の実務上必要と思われる事項や特に留意を要する事項を中心に整理したものである。また、よくあるケースとして、これまで金融機関のシステム部門に所属していたが、初めて内部監

査部門へシステム監査担当者として異動することとなり、「これから何をどうしたらよいのかわからない」といった悩みをもつ「システム内部監査新任担当者」にも理解でき、役立つような内容としたつもりである。配属されたものの、内部監査部門にシステム監査の枠組み自体がなかったと仮定して、担当者に求められる「システム内部監査計画の作成」〜「システム内部監査の実施」、その後の「監査結果報告」や「フォローアップ」といった一連の実務について、当監査法人のノウハウも盛り込んで記載している。

　特に「システム内部監査の実施」については、システム内部監査担当者が実際に直面するであろう具体的事例を交えながら、「どのような観点でシステム内部監査を実施し、リスクを浮彫りにしていくか」をポイントとして説明している。しかしながら、本書の執筆に携わった者全員が日常業務多忙のなか取りまとめたものであり、説明が不十分な箇所があるかもしれない。そうした点については読者の方々にご指摘いただき、本書の内容に関する今後のさまざまな活動や業務実施に際しての参考とさせていただきたい。

　本書の刊行にあたっては、『株式会社きんざい』出版センター部長の西野弘幸氏に大変お世話になった。多くの書籍の発行を抱える同氏の本書出版への並々ならぬ熱意および執筆者に対する激励がなければ、本書はこのような短期間には完成しなかったかもしれない。あらためて感謝する次第である。

　また、今回の執筆者としては名前を連ねていないものの、金融アドバイザリー部ITRAのメンバーのなかには本書全般にわたり査読をしていただいた者や執筆者の分まで日常業務にご尽力いただいた者が多くいる。残念ながらここでこうしたメンバーすべての名前を紹介することはできないが、この場を借りて感謝の意を表する。

　最後に、本書が金融機関のシステム内部監査に携わる方々をはじめ、広くシステムリスク管理や金融システム監査に関心をもつ方々に利用され、本書の副題にもなった形式的でない実効性あるシステム内部監査（あるいはシステムリスク管理）の実現の一助になればまことに幸いである。

2012年2月

　　　　　　　　　新日本有限責任監査法人
　　　　　　　　　金融アドバイザリー部ITRA
　　　　　　　　　執筆者代表
　　　　　　　　　マネージャー　山内　啓

【主要執筆者紹介】

山内　啓（やまうち　あきら）
　大手都市銀行にて主に勘定系システム開発業務に従事後、2007年に新日本監査法人（現在の新日本有限責任監査法人）に入所。
　監査法人入所後は、金融機関に対するシステムリスク管理態勢外部監査、システム移行リスク管理態勢外部監査、IT全般統制領域におけるSSAE16監査、システム内部監査態勢構築支援などのシステム外部監査やITアドバイザリー業務を多数提供している。
　「金融機関におけるシステム内部監査の実務」をテーマとした外部セミナーの講師も行っている。
　新日本有限責任監査法人　金融アドバイザリー部ITRA　マネージャー
　公認情報システム監査人（CISA）、システム監査技術者

黒木　健一（くろぎ　けんいち）
　大手金融機関にてシステム管理・開発業務に従事後、2006年に新日本監査法人（現在の新日本有限責任監査法人）に入所。
　監査法人入所後は、金融機関に対するシステムリスク管理態勢外部監査、システム移行リスク管理態勢外部監査、情報セキュリティ管理態勢外部監査、IT全般統制およびUS-SOX／J-SOX導入支援業務、システム内部監査実施支援などのシステム外部監査やITアドバイザリー業務を多数提供している。
　新日本有限責任監査法人　金融アドバイザリー部ITRA　マネージャー

【その他執筆者一覧】

水谷　德二郎（みずたに　とくじろう）
　新日本有限責任監査法人　金融アドバイザリー部ITRA　シニアプリンシパル

藤森　一弘（ふじもり　かずひろ）
　新日本有限責任監査法人　金融アドバイザリー部ITRA　プリンシパル

田中　知行（たなか　ともゆき）
　新日本有限責任監査法人　金融アドバイザリー部ITRA　エグゼクティブディレクター

渡邊 慎一（わたなべ　しんいち）
　　新日本有限責任監査法人　金融アドバイザリー部ITRA　シニアマネージャー

小松原 和博（こまつばら　かずひろ）
　　新日本有限責任監査法人　金融アドバイザリー部ITRA　マネージャー

厚見 岳嗣（あつみ　たけし）
　　新日本有限責任監査法人　金融アドバイザリー部ITRA　マネージャー

安達 知可良（あだち　ちから）
　　新日本有限責任監査法人　金融アドバイザリー部ITRA　マネージャー

山口 敏行（やまぐち　としゆき）
　　新日本有限責任監査法人　金融アドバイザリー部ITRA　シニアコンサルタント

目　次

第1章　はじめに

1　本書の目的 …………………………………………………………… 2
2　金融機関におけるシステムの特徴 ………………………………… 3
　(1)　銀行・信用金庫・信用組合 …………………………………… 3
　(2)　証券会社 ………………………………………………………… 4
　(3)　生命保険・損害保険 …………………………………………… 4
　(4)　その他の金融商品取引業者 …………………………………… 5
3　金融機関におけるシステム内部監査の重要性 …………………… 5

第2章　前提知識

1　各種検査・考査・監査の違い ………………………………………10
　(1)　会計監査・内部統制監査 ………………………………………10
　(2)　SOCR（Service Organization Controls Reporting） …………12
　(3)　金融庁・証券取引等監視委員会検査 …………………………15
　(4)　日本銀行考査 ……………………………………………………16
　(5)　システム内部監査とシステム外部監査 ………………………16
　(6)　補足：監査と検査の違い ………………………………………17
2　システム内部監査における留意事項 ………………………………18
　(1)　目的・テーマの選定 ……………………………………………18
　(2)　実施形態 …………………………………………………………19
　(3)　実施手続 …………………………………………………………19

第3章　システム内部監査の手順

1 システム内部監査のプロセス………………………………………………22
2 監査対象領域およびテーマの優先順位づけ……………………………23
　(1) コントロール状況の把握および残存リスクの評価…………………24
　(2) システム内部監査計画の作成…………………………………………27
3 システム内部監査の実施…………………………………………………29
　(1) 個別システム内部監査計画の作成……………………………………29
　(2) 個別システム内部監査の実施…………………………………………33
　(3) 個別システム内部監査結果の報告……………………………………37
　(4) 個別システム内部監査結果のフォローアップ………………………39
4 システム内部監査に係る半期／年度報告………………………………40
5 システム監査に係る外部委託……………………………………………41

第4章　監査対象領域ごとのポイント・留意事項

1 開発工程管理………………………………………………………………44
　(1) 共　　通…………………………………………………………………45
　(2) 主要システム……………………………………………………………59
　(3) 基　盤　系………………………………………………………………62
2 運用工程管理………………………………………………………………77
　(1) システム運用の目的……………………………………………………77
　(2) システム運用における「可用性」「機密性」「完全性」……………77
　(3) 運用工程管理におけるシステム内部監査の観点……………………84
3 システムリスク統括管理…………………………………………………96
　(1) システムリスク管理方針・規程類の整備……………………………97
　(2) システムリスク評価……………………………………………………99

目次　vii

(3) システムリスク統括管理におけるシステム監査の観点 …………107
 4　情報セキュリティ管理 ………………………………………………110
　(1) ITの視点 ………………………………………………………110
　(2) IT運用の視点 …………………………………………………124
 5　外部委託管理 …………………………………………………………133
　(1) 外部委託の準備 ………………………………………………133
　(2) 外部委託業務の管理 …………………………………………137
　(3) 開発業務の外部委託管理における留意事項 ………………142
 6　システム障害管理・対策 ……………………………………………146
　(1) システム障害管理 ……………………………………………146
　(2) システム障害対策 ……………………………………………164
 7　コンティンジェンシープラン ………………………………………172
　(1) 金融機関のコンティンジェンシープラン整備状況と今後の課題 …173
　(2) コンティンジェンシープラン整備上の留意事項 …………177
　(3) コンティンジェンシープランをテーマとした監査ポイント ………185

第5章　システム監査事例

 1　演習問題における留意事項 …………………………………………190
 2　演習問題 ………………………………………………………………191
 3　演習問題回答における留意事項 ……………………………………207
 4　演習問題の回答例 ……………………………………………………207

第6章　参考情報

 1　システム監査人のスキル・能力体系 ………………………………230
　(1) 知　　識 ………………………………………………………230

(2)	経　　験	231
(3)	能　　力	233
(4)	スキル・能力体系まとめ	234

2　さまざまな外部基準 …………………………………………235
(1)　金融庁（FSA） ……………………………………………236
(2)　証券取引等監視委員会（SESC） …………………………236
(3)　金融情報システムセンター（FISC） ……………………236
(4)　経済産業省 …………………………………………………237
(5)　情報システムコントロール協会（ISACA） ……………238
(6)　日本規格協会 ………………………………………………239
(7)　米国連邦金融機関検査協議会（FFIEC） ………………239
(8)　シンガポール通貨監督庁（MAS） ………………………239

■ **用語説明** ………………………………………………………240
■ **事項索引** ………………………………………………………256

第1章

はじめに

1 本書の目的

　本書は、金融機関の内部監査部門においてシステム内部監査を担当する方々にぜひ読んでいただきたい内容を記載したものである。

　初めてシステム内部監査を担当する多くの方々は「システム内部監査を実施するには何から手をつけたらよいのかわからない」といった悩みに直面してはいないだろうか。

　また、すでにシステム内部監査の実務を経験している方々は、「外部基準を活用してシステム内部監査を実施したが、何をもって指摘事項がないと判断できるのかがわからない」といった、より実践的な悩みをおもちではないだろうか。

　本書では、このような悩みを解決するために、システム内部監査のプロセス（手順）やシステム内部監査における監査対象領域ごとのポイント・留意事項をできるだけわかりやすく解説するとともに、システム内部監査においてシステム内部監査担当者が実際に直面するであろう事例を豊富に記載することで、手続や理論の説明に終始するのではなく、システム内部監査の実務に活用いただけるように配慮している。

　さらに、「第4章　監査対象領域ごとのポイント・留意事項」および「第5章　システム監査事例」では、システムリスク統括管理部門・システム企画部門・システム開発部門・システム運用部門の担当者が日々の業務のなかに潜んでいるシステムリスクを低減するための参考情報として活用いただくことにも留意した記載としている。

　近年、システム障害や重要情報の流出等、システムリスクが顕在化した事象が多数報道されており、システムリスク管理への関心はますます高まっている。

このような環境下において、貴社における適切なシステムリスク管理の実現に、本書が少しでも役立てれば幸いである。

2　金融機関におけるシステムの特徴

「2」では、金融機関の各業態で利用しているシステムの特徴を把握し、システム内部監査を実施する際に他の業態と比較してどのような領域に重点を置くべきなのかを理解いただくために、業態ごとのシステムの特徴を説明する。

なお、金融機関ではさまざまなシステムを利用しているため、「2」で述べる業態ごとのシステムの特徴が自社で利用する全システムに必ずしも当てはまるものではない点に留意していただきたい。

(1) 銀行・信用金庫・信用組合

銀行・信用金庫・信用組合のシステムには勘定系システムといわれる基幹システムをはじめ、対外接続系システム、資金証券系システム、情報系システム、国際系システム等がある。

当業態のシステムは、次のような業務の特性上、高い可用性と機密性[1]が要求される。

① 企業の運転資金、顧客の生活資金を預かっているためシステムの不具合による業務の停止は企業活動や個人の生活に多大な影響を与える（高い可用性の要求）。

② 企業や個人の重要情報を保持している（高い機密性の要求）。

1　可用性、機密性については「第2章2(1)　目的・テーマの選定」参照。

さらに、近年の当業態の特徴として、複数の金融機関が共同でシステム（特に勘定系システム）を運営する形態が増加傾向にあることがあげられる。このような形態の場合には、システムの開発・運用を外部に委託することから外部委託管理についてもシステムリスク管理上の重要なポイントとなる。

(2) 証券会社

証券会社には注文・約定等を管理するための業務系システムをはじめ、各種取引所や金融機関・機関投資家等とのインターフェイスを管理する対外接続系システム、ディーリング・トレーディング系システム、国際系システム等がある。

当業態のシステムは、次のような業務の特性上、高い可用性と高い機密性が要求される。特に市場と直接インターフェイスをもつことから非常に高い即時性が要求される。

① 市場とインターフェイスをもつシステムの不具合は顧客の投資機会の損失につながる（きわめて高い可用性の要求）。
② 企業や個人の重要情報を保持している（高い機密性の要求）。

また、当業態の業務系システムはASPサービスの利用が多くみられるため、外部委託管理がシステムリスク管理上の重要なポイントとなる。

(3) 生命保険・損害保険

生命保険・損害保険には、保険契約等を管理する業務系システムをはじめ、情報系システム、資産運用系システム等がある。

当業態のシステムは、次のような業務の特性上、高い完全性[2]と高い機密性が要求される。

① 年金記録問題からも明らかなように、長期間にわたる保険契約に係る

---

2 完全性については「第2章2(1) 目的・テーマの選定」参照。

データの消失・損失はデータの復旧が困難であり、結果として顧客との契約を正しく履行できない（高い完全性の要求）。
② 個人の機微情報を含む重要情報を保持している（高い機密性の要求）。

(4) その他の金融商品取引業者

投資信託会社においては、証券会社同様、ブローカーや市場とのインターフェイスをもつシステムの不具合は顧客の投資機会の損失につながることから高い可用性が要求される。

クレジット会社、消費者金融会社においては、顧客の個人情報を含む重要情報を保有しているため高い機密性が要求される。

また、投資信託会社、クレジット会社、消費者金融会社等その他の金融商品取引業者に共通している特徴として、システム開発・運用の大部分を外部委託していることがあげられる。

特に、当業態では、一般的にシステム部門の要員が少数の場合が多く、外部委託先への依存度が高い傾向があるため、システムリスク管理上のポイントとして外部委託管理の占める比重は大きくなる。

3 金融機関におけるシステム内部監査の重要性

金融機関の業務の多くがシステムに依存していることから、多くの金融機関ではシステムリスク管理の重要性を認識し、システム内部監査を実施している。

一方で、金融機関によってはシステム内部監査を担当できる要員確保のむずかしさを理由に有効なシステム内部監査を実施することがむずかしい状況となっていることも事実であり、金融機関におけるシステム内部監査への取

組状況は各社さまざまである。

　しかしながら、個人情報漏えい事件やシステム障害は絶え間なく発生しており、時にはマスコミで報道されるほど自社の経営に大きな影響を与えることがある。

　特に、多くの金融機関の経営者は、東日本大震災において、システムリスクが顕在化した際の影響の大きさをあらためて痛感し、次のような懸念をもたれたのではないだろうか。

① 東日本大震災クラスの震災が発生した際に当社のコンティンジェンシープランは有効に機能するのだろうか。
② 震災時に特定サービスの取引量が増加する等、想定外の事態が発生した場合に、当社のシステムに不具合は発生しないのだろうか。
③ 当社では大規模なシステム障害が発生した際に適切に対応できる態勢は整備されているのだろうか。

　実際に、東日本大震災以降、多くの金融機関において、経営者の指示のもと、コンティンジェンシープランやシステムリスク管理態勢全般の見直しを行っている。

　この取組み自体はシステムリスク管理態勢を高度化するために有効な手段であり、見直しの結果、システムリスク管理態勢は高度化していると考えられる。

　しかしながら、留意すべき点は、今回このような取組みを実施しただけでは、システムリスク管理態勢を常に高度化し続けることはできないということである。

　多くの金融機関では魅力的なサービスを新たに展開し業務を拡大するように努めていると思うが、これは、業務に利用するシステムも進化・拡大することを意味しており、それは新たなシステムリスクが発生していることも意味している。さらに、マスコミ報道でも明らかなように、サイバー攻撃等システムに対する犯罪行為は日進月歩で進化しているが、これも新たなシステ

ムリスクが発生していることを意味している。

　このように、システムリスクは年々拡大しており、当然ながら、システムリスク管理態勢を高度化させなければ、適切なシステムリスク管理を行えず、場合によっては、顕在化したシステムリスクが自社の経営に大きな影響を与えるという事態を招きかねない。

　このような事態を回避するための一つの方策として、図表1－1のようなシステムリスク管理態勢を常に高度化する仕組みを構築することが重要となる。

　図表1－1では、執行部門において、次のシステムリスク管理態勢を構築していることを表している。

① システム企画・システム開発・システム運用・システム利用の各領域において規程・手続等を定めシステムリスク管理を実施している。

② システム企画・システム開発・システム運用・システム利用の各領域に

図表1－1　システムリスク管理態勢の事例

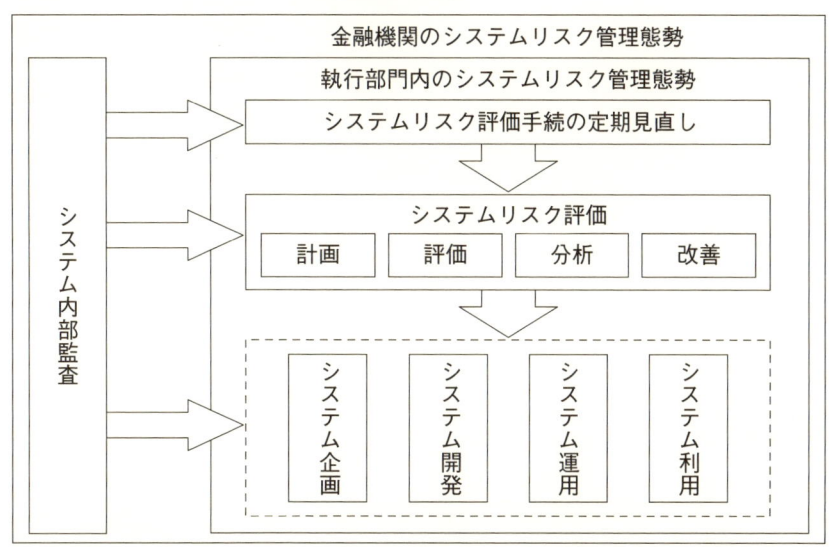

対して定期的なシステムリスク評価を実施している。また、システムリスク評価の手続は外部環境変化や内部環境変化等をふまえ、定期的に見直している。これにより、<u>システムリスクの変化に対応してシステムリスク管理態勢を高度化することができる仕組み</u>としている。

図表1－1では、さらに、システム内部監査部門は、上記の執行部門のシステムリスク管理態勢を監査対象としていることを表している。

ここで、システム内部監査が有効に機能していることは、次の事項が可能になることを意味している。

① システム企画・システム開発・システム運用・システム利用の各領域における課題を発見し改善することができる。
② 執行部門においてシステムリスク管理態勢を常に高度化するための仕組みに係る課題を発見し改善することができる。

つまり、システム内部監査はシステムリスク管理態勢を常に高度化するためには非常に重要な要素であるといえる。

> **ポイント**
> ●自社のシステムリスク管理態勢を常に高度化する仕組みを構築するためには、有効なシステム内部監査が不可欠

第 2 章

前提知識

1　各種検査・考査・監査の違い

　金融機関では、金融庁や証券取引等監視委員会による検査や日本銀行による考査、さらには会計監査人による会計監査・内部統制監査のなかでシステムリスクに係る検査・考査・監査を受けている。

　また、SOCR（Service Organization Controls Reportingの略、受託業務に係る内部統制の保証報告書のことであり詳細は後述）を取得あるいは活用している場合や、第三者によるシステム外部監査、自社の内部監査部門によるシステム内部監査を実施している金融機関もある。

　このように、金融機関はシステムリスクに係る検査・考査・監査をさまざまなかたちで受けており、システムリスク管理態勢が高度化していることは疑いの余地がない。

　しかしながら、昨今、システム内部監査の重要性が叫ばれているのはなぜだろうか。

　システムリスクに係るこれらの検査・考査・監査の違いを把握することで、なぜシステム内部監査が重要であるかの理由の一つを理解いただくために、「1」では各種検査・考査・監査の違いを説明する。

(1) 会計監査・内部統制監査

　一部の金融機関では、会計監査・内部統制監査におけるシステムリスクに係る評価によりシステム外部監査を受けていると解釈していることがある。

　しかしながら、この解釈には大きな誤解がある。

　まず、会計監査・内部統制監査におけるシステムリスクに係る評価は、財務報告に係るシステムを対象として実施しているため、会計監査・内部統制監査におけるシステムリスクに係る評価は、いわゆるシステム監査の対象領

域すべてを網羅しているわけではない。

　また、『IT委員会研究報告第31号』（日本公認会計士協会）には"財務諸表の監査においては、ITを利用した情報システムに関する重要な虚偽表示リスクの評価を実施していますが、システム監査とは目的が異なるためIT委員会報告第3号では「システム監査」という用語は使用していません"との記載があり、『財務報告に係る内部統制の評価及び監査に関する実施基準』（金融庁）には"金融商品取引法による内部統制報告制度においては、ITの統制についても、財務報告の信頼性（情報が組織の意思・意図に沿って承認され、漏れなく正確に記録・処理されること（正当性・完全性・正確性））を確保するために整備するものであり、財務報告の信頼性以外の他の目的を達成するためのITの統制の整備および運用を直接的に求めるものではない"との記載がある。

　つまり、会計監査・内部統制監査におけるシステムリスクに係る評価は、特定の目的のために実施する監査であるため、いわゆるシステム外部監査やシステム内部監査とは別物ととらえたほうが適切であると考えられる。

　会計監査・内部統制監査におけるシステムリスクに係る評価は、ITに係る全般統制とITに係る業務処理統制に分類される。

　『財務報告に係る内部統制の評価及び監査に関する実施基準』（金融庁）においては、それぞれ次のとおり定義している。

a　ITに係る全般統制

　"ITに係る全般統制とは、業務処理統制が有効に機能する環境を保証するための統制活動を意味しており、通常、複数の業務処理統制に関係する方針と手続をいう。"

　具体的には、ITに係る全般統制におけるシステムリスク評価では、財務諸表のデータの信頼性を確保することが目的であることから図表2－1のような領域を対象としている。

図表2－1　ITに係る全般統制における対象領域例

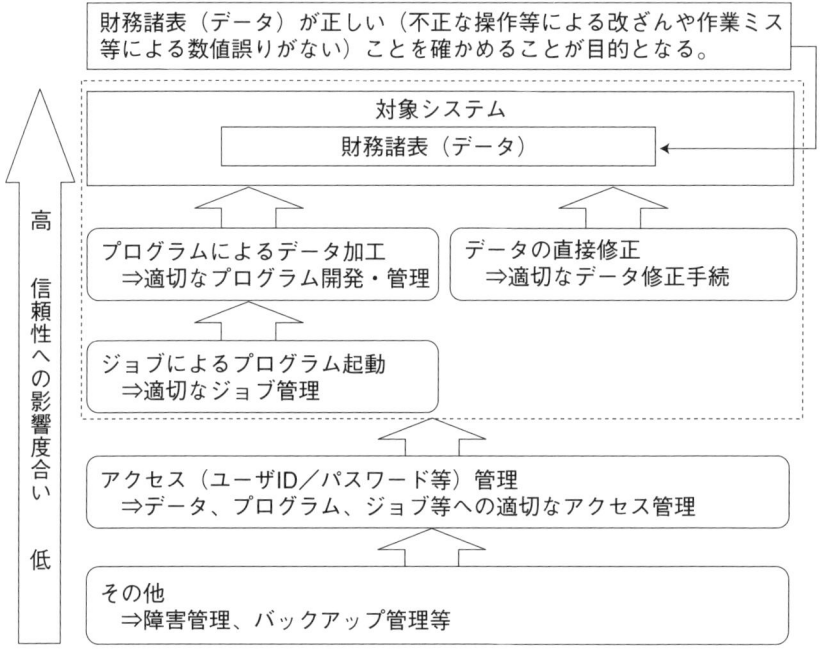

b　ITに係る業務処理統制

"ITに係る業務処理統制とは、業務を管理するシステムにおいて、承認された業務がすべて正確に処理、記録されることを確保するために業務プロセスに組み込まれたITに係る内部統制である。"

(2) SOCR (Service Organization Controls Reporting)

SOCRとは、業務を外部に委託している場合に、委託元が委託先の委託業務に係る内部統制の状況を把握し、その有効性の評価に利用する報告書（18号／SSAE16）を提供するサービスやTrustサービス（情報システムの信頼性や電子商取引の安全性等に係る内部統制についての保証）等、主に公認会計士等

図表2-2　SOCRの種類

米国公認会計士協会でのカテゴリ	日本における基準および特徴
SOC 1	●基準 　・『監査・保証実務委員会実務指針第86号「受託業務に係る内部統制の保証報告書」』（日本公認会計士協会） ●財務諸表に係る重要な虚偽表示のリスクの評価に利用 ●報告書の種類 　・タイプ1（時点評価） 　・タイプ2（期間評価）
SOC 2	●類似基準 　・『IT委員会研究報告第39号「情報セキュリティ検証業務」』（日本公認会計士協会） ●次に関する内部統制への関心 　・セキュリティ 　・可用性 　・処理のインテグリティ 　・機密保持 　・プライバシー ●報告書の種類 　・タイプ1（時点評価） 　・タイプ2（期間評価）
SOC 3	●基準 　・『IT委員会報告第2号「Trustサービスに係る実務指針（中間報告）」』（日本公認会計士協会） ●次に関する内部統制への関心 　・セキュリティ 　・可用性 　・処理のインテグリティ 　・機密保持 　・プライバシー ●不特定多数の利用者がいる ●Trustサービスシールの提供

（出典）　新日本有限責任監査法人ホームページ

(公認会計士または監査法人)が提供する報告サービスのことをいい、次の種類がある(図表2-2)。

a　SOC 1

SOC 1は財務諸表に係る重要な虚偽表示のリスクの評価に利用するサービスであり、その目的は、会計監査・内部統制監査と同じである。

したがって、当該サービスにおけるシステムリスク評価に係る対象範囲は基本的には会計監査・内部統制監査と同じと考えてよいであろう。

b　SOC 2

SOC 2の対象領域については、『IT委員会研究報告第39号「情報セキュリティ検証業務」』(日本公認会計士協会)に情報セキュリティ評価基準として記載されている。

当該基準は『情報セキュリティ管理基準(平成20年改定版)』(経済産業省)を参考に作成されたものであり、このことから、SOC 2は情報セキュリティ全般を対象としたサービスといえる。

c　SOC 3

SOC 3ではTrustサービスを対象としている。Trustサービスには、システムの信頼性の保証を目的としたSysTrustとオンライン環境における電子商取引活動の保証を目的としたWebTrustがある。

当該サービスは、図表2-3の一つまたは複数の原則と基準に基づいて提供されるものであるため、対象領域はサービスごとに異なると考えられる。

図表2−3　Trustサービスの原則と基準

原則と基準	概要（検証の観点）
セキュリティ	システムは安全でしょうか？ 公認会計士は、システムが（物理的にも・論理的にも）未承認のアクセスから保護されているかどうかを確かめます。
プライバシー	顧客の個人情報は適切に取り扱われていますか？ 公認会計士は、電子商取引の結果取得された個人情報が、プライバシーポリシーに従って、取得、利用、保管、提供されているかどうかを確かめます。
処理のインテグリティ	取引は正しく処理されていますか？ 公認会計士は、処理が完全、正確、適時に実施され、承認されているかどうかを確かめます。
可用性	システムの可用性は約束したレベルを満たしていますか？ 公認会計士は、システムが約束したレベルどおりに利用可能であるかどうかを確かめます。
機密保護	顧客の機密情報は、適切に管理されていますか？ 公認会計士は、企業の機密情報がシステム上で保護されているかどうかを確かめます。

（出典）　Trustサービスパンフレット（日本公認会計士協会）

(3)　金融庁・証券取引等監視委員会検査

　金融庁による金融検査は、金融機関の業務の健全性および適切性の確保を目的としたものであり、法令等遵守態勢や各種リスク管理態勢等を総合的・一体的に検証する「総合検査」のほか、これらを特定の分野および事項に焦点を絞って検証する「部分検査」があり、「部分検査」については、たとえば、金融機関のコンピュータシステムを主な対象とした検査等さまざまなものがある。

　当該検査は、金融庁が預金等受入金融機関、保険会社、金融持株会社に対して実施しており、金融商品取引業者等に対しては、金融商品取引法等によ

って内閣総理大臣および金融庁長官から委任された権限に基づき、証券取引等監視委員会が実施している。

(4) 日本銀行考査

日本銀行考査は、"日本銀行が日本銀行法第37条から第39条までに定められた業務(金融機関等に対する一時貸付、信用秩序の維持に資するための業務、資金決済の円滑に資するための業務)を適切に行い、また、その適切な実施に備えることを目的とするもので、ひいては信用秩序の維持にも貢献するもの"(日本銀行ホームページより抜粋)である。

システムリスクに係る考査についても、上記の目的に基づき行われることとなる。

(5) システム内部監査とシステム外部監査

システム内部監査およびシステム外部監査は、これまで説明してきた会計監査・内部統制監査、SOCR等と異なり、監査の対象領域やテーマを変えることにより自社のシステムリスクに対しさまざまなアプローチでの監査が可能となる。

一方で、システム内部監査が自社の内部監査部門による自社内での評価であるのに対し、システム外部監査は自社から独立した第三者による監査となる点が大きな相違点となる。

また、システム内部監査は自社の内部監査部門が自社の執行部門内のシステムリスク管理態勢を対象として実施するのに対し、システム外部監査では、契約内容により対象範囲を確定することとなるものの、図表2−4のとおり、システム内部監査を含む自社のシステムリスク管理態勢全体を監査対象とすることができる。

図表2-4 システム外部監査の対象範囲例

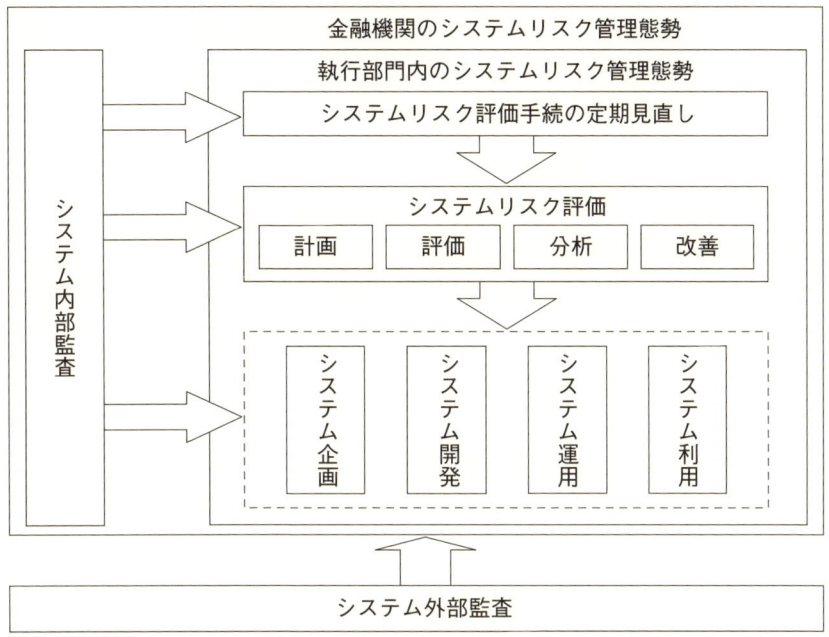

(6) 補足:監査と検査の違い

業務監査や業務検査といったように、内部監査部門では、一般に「監査」「検査」といった用語がよく使われている。

「監査」と「検査」を混同して使用していることもあるようだが、「検査」

図表2-5 監査と検査の違い

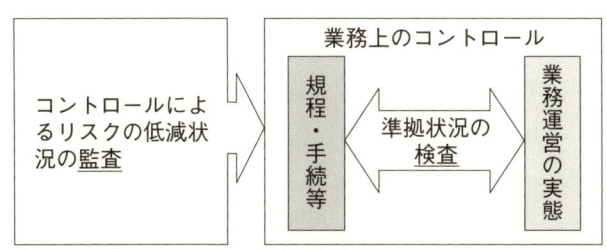

は定められた規程・手続等への準拠状況を確かめることが目的であるのに対し、「監査」は、規程・手続等も含めた業務上のコントロールがリスクを低減しているかどうかを確かめることが目的であり、両者には明確な違いがある（図表2－5）。

> **ポイント**
> ●システム内部監査・システム外部監査以外の検査・考査・監査におけるシステム監査はその対象範囲と目的を理解することが重要
> ●システム内部監査とシステム外部監査の違いの把握が重要

2 システム内部監査における留意事項

「2」では、システム内部監査における留意事項を説明する。

(1) 目的・テーマの選定

　システム内部監査は、システム外部監査同様、監査目的や監査テーマを自社のシステムリスクをふまえて柔軟に設定することが可能である。
　一方で、システムリスクに係る監査目的やテーマは膨大であることから、やみくもにシステム内部監査を実施しても実効性があがらない可能性があるため、システム内部監査の目的・テーマを明確にしたうえで実施することが重要になる。
　システム内部監査は、外部環境や内部環境の変化等をふまえて、たとえば、次のような観点で目的・テーマを選定することが可能である。
① 機密性・可用性・完全性
　機密性・可用性・完全性は図表2－6のように定義できる。
② 部署別／業務横断／テーマ（コンティンジェンシープラン・情報漏えい対

図表2－6　機密性・可用性・完全性の定義例

分類	定　　義
機密性	情報資産へのアクセスが正当な利用者にのみ制限されていること
可用性	情報資産が適時に利用可能な状態であること
完全性	情報資産が正当かつ正確に加工されていること

策等）別
③　静的（企画／開発・保守／運用／利用）／動的（開発途中・プロジェクト）

(2) 実施形態

　システム内部監査の実施形態には、被監査部門へ監査の実施を事前に通知する「事前通知式」と、事前通知なしで監査を実施する「抜打ち式」とがある。

　通常のシステム内部監査においては、コントロール状況を正確に把握するために「事前通知式」として、被監査部門における資料準備等の時間を確保することが一般的である。

　一方で、たとえば、自社のセキュリティスタンダードへの準拠状況を調査するといった検査的な観点でシステム内部監査を実施する場合には、実態を把握するために「抜打ち式」のほうが適している。

　このように、システム内部監査の目的に応じて実施形態を検討することにも留意する必要がある。

(3) 実施手続

　システム内部監査においては、一般的には外部基準等を活用して作成したチェックリストに基づき、被監査部門へのヒアリング、関連資料の閲覧、視察等によりコントロール状況を検証する。

　ただし、チェックリストに沿って検証することはコントロール状況を把握

しているにすぎず、現状、どのような残存リスクがあるのかを把握しているわけではないことに留意する必要がある。

　システム内部監査では、コントロール状況を把握することが目的ではなく、当該コントロールにより潜在リスクがどの程度低減されているかを分析し、残存リスクを把握することが目的である。

　仮にチェックリスト上のコントロールが実装されていなくても、実態としては別のコントロールにより潜在リスクが低減されていることもありうる。

　したがって、チェックリストはシステム内部監査における有効なツールではあるものの、システム内部監査の結果を示すものではないので、常に、次の点を意識することが重要になる。

① チェックリスト上のコントロールが存在していない場合の潜在リスクはどのようなものか。
② チェックリスト上のコントロールにかわるコントロールはないか。
③ 結果として、チェックリスト上のコントロールが存在していないことによる残存リスクはどの程度のものか。

> **ポイント**
> ●システム内部監査を実施する際には、常に、"どのようなリスクがあるのか"を意識することが重要

第 3 章

システム内部監査の手順

本章では、システム内部監査のプロセス（手順）を説明する。

なお、必ずしも本章で説明するプロセスどおりにシステム内部監査を実施する必要があるわけではない。

各プロセスの目的、ポイントを理解し、自社の内部監査に係る手続等との整合性を確保したうえで、自社の実情に応じたシステム内部監査の手順を確立していただくことが本章の目的となる。

システム内部監査のプロセス

限られた要員・時間で実施するシステム内部監査の実効性をあげるためには、次の2点がポイントになる。

① リスクアプローチによりシステム内部監査の対象領域を決定する仕組みとすること。また、対象領域は、外部環境・内部環境の変化をふまえ定期的または必要に応じて随時見直しを行う仕組みとなっていること。

② 個別のシステム内部監査のプロセスが、計画、実施、報告、フォロー

図表3－1　システム内部監査のフェーズおよびプロセス

フェーズ	プロセス		
監査対象領域およびテーマの優先順位づけ	簡易システムリスク評価		
	コントロール状況の把握および残存リスクの評価		
		システム内部監査中長期計画／年間計画の作成	
システム内部監査の実施	個別システム内部監査計画の作成		
	個別システム内部監査の実施		
	個別システム内部監査結果の報告		
	個別システム内部監査結果のフォローアップ		

アップのPDCAサイクルとなっていること。

　図表3－1は、自社のシステムリスクの現状評価をもとに監査対象領域およびテーマの優先順位づけを行ったうえでシステム内部監査を実施する場合のプロセスを示した図表であり、上記の二つのポイントを充足することができる一つの方法である。

2 監査対象領域およびテーマの優先順位づけ

　フェーズ「監査対象領域およびテーマの優先順位づけ」の目的は、残存しているシステムリスクを業務への影響や発生可能性の観点から評価し、自社のなかで相対的に業務への影響や発生可能性が高いシステムリスクに対してシステム内部監査を実施できるような仕組みを構築することである（図表3－2）。

図表3－2　監査対象領域およびテーマの優先順位づけとリスク低減のイメージ

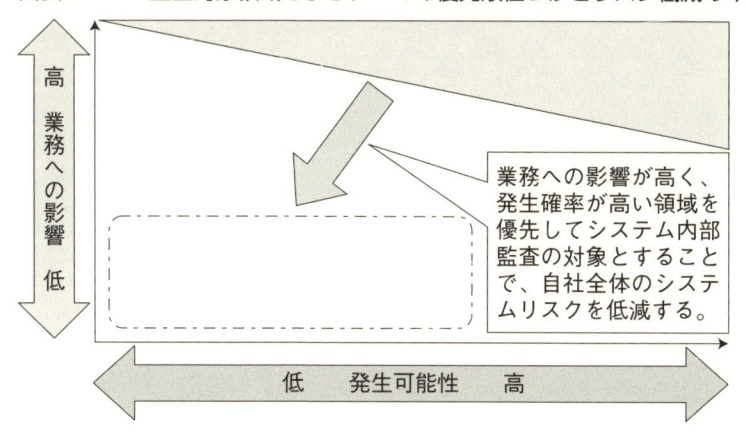

業務への影響が高く、発生確率が高い領域を優先してシステム内部監査の対象とすることで、自社全体のシステムリスクを低減する。

（縦軸：業務への影響　低～高／横軸：発生可能性　低～高）

　具体的には、簡易システムリスク評価において、次の作業を実施すること

となる。
① 自社全体のシステムリスクを把握し、業務への影響や発生可能性が高い領域を特定のうえ、システム内部監査を実施する領域の優先順位をつける。
② 上記で優先順位をつけた領域をシステム内部監査中長期計画（3年間程度）およびシステム内部監査年間計画に整理する。

(1) コントロール状況の把握および残存リスクの評価

プロセス「簡易システムリスク評価」において、コントロール状況の把握および残存リスクの評価を行うための作業ステップは、図表3－3のとおりとなる。

図表3－3　システムリスク評価における作業ステップ

プロセス	作業ステップ	
簡易システムリスク評価	システムリスクの識別	
	潜在リスク想定	影響度の評価
		発生可能性の評価
コントロール状況の把握および残存リスクの評価	コントロール状況の把握	
	残存リスク想定	影響度の評価
		発生可能性の評価
	残存リスクの評価	

a　システムリスクの識別

システムリスクの識別の方法としては、たとえば、『金融機関等のシステム監査指針（第3版）』（公益財団法人金融情報システムセンター）の小項目ごとに設定されたリスクを活用することも考えられる。

ただし、この場合、リスクは相当程度の件数となるため、作業量も相当なボリュームとなる。

システムリスクの業務への影響や発生可能性について精緻に把握するためには、当然ながら精緻なシステムリスク評価を実施することが必要であるが、ここでの目的は、あくまで自社のシステムリスクの全体概要を把握し、システム内部監査実施の優先順位をつけることであり、この目的さえ達成できれば、必ずしも精緻なシステムリスク評価を実施する必要はないことに留意する必要がある。

たとえば、自社で定めた機密性・可用性・完全性の基準に基づきシステムの重要度を分類することで、どのシステムが機密性・可用性・完全性の観点で潜在リスクがあるのかを特定し、自社全体の潜在リスクを把握することも可能である。

図表3－4は、機密性・可用性・完全性の観点から自社のシステムの重要度を分類したものである。

図表3－4　システムの重要度分類例

システム	機密性	可用性	完全性
Aシステム	高	高	高
Bシステム	低	低	低
Cシステム	高	低	低
Dシステム	高	低	低
Eシステム	高	高	高
Fシステム	中	中	低
Gシステム	高	低	低
Hシステム	高	低	低
Iシステム	高	中	低
Jシステム	高	低	低

ここで図表3-4の機密性・可用性・完全性の重要度は、図表3-5の基準に基づき高・中・低の3段階で分類しているとする。

図表3-5　システムの重要度分類基準例

重要度	機密性	可用性	完全性
高	個人情報および企業情報を保有している	業務停止許容時間：2時間以内	財務諸表・資金決済への大きな影響がある
中	企業情報を保有している	業務停止許容時間：24時間以内	財務諸表または資金決済への影響がある
低	個人情報および企業情報を保有していない	業務停止許容時間：特に制限なし	財務諸表・資金決済への影響はない

図表3-4、図表3-5をもとにした分析の結果、自社のシステムは機密性の観点から重要度の高いものが多いことがわかる。これは、すなわち、自社において機密性の観点からの潜在リスクが高いことを意味する。

b　コントロール状況の把握／残存リスクの評価

システムリスク（潜在リスク）を識別したら、次に当該リスクに対するコントロール状況を把握のうえ、業務への影響や発生可能性がどの程度低減されているかを評価する。

評価の方法は、たとえば、システムリスク所管部署が実施しているシステムリスク評価結果を活用する方法やシステムリスクごとのコントロール状況をアンケート方式等で簡易的に評価する方法がある。

なお、簡易的なリスク評価方法については「第4章3(2)b(b)①　定性的な評価方法（簡易的な重要度評価）」を参照してほしい。

ここでも、精緻に評価することが目的ではなくコントロールと残存リスクの全体概要を把握することがポイントであることに留意する必要がある。

(2) システム内部監査計画の作成

プロセス「コントロール状況の把握および残存リスクの評価」において評価した残存リスクをもとにシステム内部監査中長期計画および年間計画を作成する（図表3－6）。

図表3－6　システム内部監査中長期計画／年間計画の作成における作業ステップ

プロセス	作業ステップ
システム内部監査中長期計画／年間計画の作成	システム内部監査中長期計画の作成
	システム内部監査年間計画の作成

a　システム内部監査中長期計画の作成

残存リスクの評価結果をもとに、システム内部監査を実施する領域の優先順位を決定したうえで（通常、業務への影響や発生可能性の高いシステムリスクの領域に対する監査を優先する）、向こう3年間程度のシステム内部監査計画をシステム内部監査中長期計画として取りまとめる。

システム内部監査中長期計画に盛り込むべき項目としては、次のような事項がある。
① 当該期間（年度ごとまたは半期ごと等）の監査目標
② 監査対象
③ 実施予定時期
④ 実施体制
⑤ 要員への教育、研修計画（年度ごとまたは半期ごと）

b　システム内部監査年間計画の作成

システム内部監査中長期計画をもとにシステム内部監査年間計画を作成す

る。

　記載する項目は、システム内部監査中長期計画と同様の項目となるが、実施予定時期は他の内部監査との整合性を確保する等、実現可能性に十分に留意する必要がある。

c　システム内部監査中長期計画および年間計画の見直し

　システム内部監査中長期計画およびシステム内部監査年間計画は、次のような理由から定期的または必要に応じて随時見直す必要がある。

① 　外部環境変化（IT技術革新／他社事故事例／制度改革等）に伴う計画見直し理由例
  - 新種のウィルスが大量発生しセキュリティに係る脆弱性が懸念される。
  - 他社において大規模システム障害が発生し同様の事象が発生しないか経営から監査実施の要請があった。
  - 制度改正により大規模なシステム開発を行うこととなった。

② 　内部環境変化（組織改正／担当者変更／当社事故事例等）に伴う計画見直し理由例
  - 組織改正によりシステム部門を子会社化することとなった。
  - 当社のAシステムにおいて大規模障害が発生したため、他システムで同様の事象が発生しないか経営から監査実施の要請があった。

③ 　経営計画／システム開発年度計画
  - システム開発年度計画において大規模なシステム開発が計画された。

　システム内部監査中長期計画および年間計画の定期的な見直しのサイクルは図表3－7のように半期ごと、あるいは1年ごとに実施している事例が多く見受けられる。なお、見直し時には両計画の整合性に留意する必要がある。

図表3－7　システム内部監査中長期計画／年間計画の見直しのサイクル例

		1年目			2年目			3年目	
中長期計画	策定		見直し		見直し	見直し		見直し	
年間計画（1年目）				中長期計画の見直しは2年目以降の計画の見直しも含む					
年間計画（2年目）				策定	見直し				
年間計画（3年目）							策定	見直し	

3 システム内部監査の実施

「3」では、「システム内部監査年間計画」で定めた個々のシステム内部監査を実施する際の手順を説明する。

(1) 個別システム内部監査計画の作成

個別システム内部監査計画は、図表3－8の作業ステップに従い作成する。

a　対象範囲・目的の明確化

「システム内部監査年間計画」をもとに監査対象範囲（被監査部門・対象システム・対象領域等）と監査目的を明確化する。

特に監査目的が明確でないと、実施作業や作業ボリュームに大きく影響することとなるため、十分な検討が必要となる。

図表3－8　個別システム内部監査計画作成における作業ステップ

プロセス	作業ステップ
個別システム内部監査計画の作成	対象範囲・目的の明確化
	課題（テーマ）・実施手続の整理
	個別システム内部監査計画の作成
	個別システム内部監査計画の承認
	被監査部門への通知

　監査目的は「どのシステムのどの領域をどのような観点で調査するか」を定義し、「調査結果が何に貢献するか」を整理することで明確化することができる。

　たとえば、基幹系システムのセキュリティ管理態勢について外部基準への準拠状況を調査する場合の監査目的は、「基幹系システムのセキュリティ管理態勢の外部基準への準拠状況を調査し、脆弱点を明確化することで当該システムに係るセキュリティ管理態勢の高度化に寄与する」といったことになる。

　なお、監査目的を明確にするための一つの手段として、被監査部門の部門長等へのヒアリングを行い、被監査部門において課題としてとらえている事項を把握する方法もある。この場合、被監査部門で懸念している事項について監査することができるため、被監査部門のシステム内部監査への満足度を向上させることが期待できる半面、ヒアリング結果への依存が高すぎると、本来優先的に実施すべきである残存リスクが高い領域への監査が後回しになる可能性があるため、留意する必要がある。

b　課題（テーマ）・実施手続の整理

　課題（テーマ）・実施手続の整理は、「具体的課題（テーマ）の設定」「監査項目の選定」「監査項目の整理」「実施手続の明確化」の順に実施する。

① 具体的課題（テーマ）の設定

具体的課題（テーマ）の設定とは、当該個別システム内部監査において何を実施するかを定義することである。

「基幹系システムのセキュリティ管理態勢の外部基準への準拠性」を監査する場合には、たとえば、次のような課題（テーマ）を設定することが考えられる。

・基幹系システムのセキュリティ管理態勢の外部基準への準拠性調査
・上記調査結果に基づく外部基準とのGAP分析
・上記GAP分析に基づく脆弱点の導出（および改善提案）

② 監査項目の選定

ここで述べる監査項目とは、システム内部監査における具体的なチェックポイントのことである。

システム内部監査における具体的なチェックポイントとして活用できる外部基準は、たとえば、『金融機関等のシステム監査指針（第3版）』（公益財団法人金融情報システムセンター）をはじめ多数存在しているが、当該個別システム内部監査の目的に照らし最も適切なものを選定する。

なお、チェックポイントについては、必ずしも一つの外部基準から選定する必要はないこと、自社内部の規程類についてもシステム内部監査の目的（自社規程類への業務実態の準拠状況調査等）によっては活用可能であることに留意する必要がある。

③ 監査項目の整理

選定した監査項目を監査対象領域や被監査部門等の観点から把握しやすい単位に分類し、チェックリストとして取りまとめる。

また、あわせて監査項目ごとに被監査部門に提出を依頼する資料を整理する。

④ 実施手続の明確化

整理した各々の監査項目ごと、および予備調査から報告書作成までのプ

ロセスごとにそれぞれどのような方法・手続で実施するかを明確にしたうえで整理する。
⑤　重点監査項目の整理
　当該作業は必ずしも必要ではないが、当該個別システム内部監査において、特にリスクが高い領域をあらかじめ特定しておき、重点監査項目として整理しておくことも監査の効率化の観点からは有効である。

c　個別システム内部監査計画の作成

　「第3章3(1)b　課題（テーマ）・実施手続の整理」の作業結果をもとに「個別システム内部監査計画」を作成する。
　「個別システム内部監査計画」に記載する項目としては、次のような事項がある。
① 　監査の目的
② 　対象範囲
③ 　監査テーマ
④ 　実施手続・方法
⑤ 　監査基準日
⑥ 　実施時期
⑦ 　実施体制
⑧ 　要員・費用

　なお、要員・費用については、過去に実施した類似の監査テーマ、監査対象に対する過去の監査事例等を参考にし、今回の監査対象範囲をスケジュール内に実施できる要員を配置できるよう調整することが必要になる。
　また、実施時期（スケジュール）については、「抜打ち式」で実施する場合を除き、被監査部門と十分な調整を行うことに留意する必要がある。

d　個別システム内部監査計画の承認

「個別システム内部監査計画」については、通常の内部監査同様、自社において所定の権限者(監査部門長等)に承認を得る必要がある。

e　被監査部門への通知(事前提出資料依頼も含む)

「個別システム内部監査計画」について所定の権限者の承認を得た後に、被監査部門に対して当該監査実施を通知する。

通知方法については、通知書等書面により実施することが一般的であるが、自社で実施している通常の内部監査同様の手続とすることがよいと考えられる。

なお、通知の際には、監査を円滑に実施するために、スケジュールだけでなく事前提出依頼資料の一覧もあわせて通知することが望まれる。

(2)　個別システム内部監査の実施

個別システム内部監査は図表3-9の手順で実施する。

図表3-9　個別システム内部監査の実施における作業ステップ

プロセス	作業ステップ
個別システム内部監査の実施	予備調査
	本調査
	事実誤認の確認
	発見事項・改善課題の整理
	監査結果講評会の実施

a　予備調査

予備調査は、個別システム内部監査計画の監査項目や実施手続が適切であ

ることを確かめることを目的に実施する。

手法としては、被監査部門から提出された資料の閲覧や簡易的なチェックリストに基づく検証等がある。

予備調査実施後には、計画段階であらかじめ準備した監査項目（チェックリスト）や重点監査項目、実施手続について見直しを行い、必要に応じて修正を行う。

b　本調査

予備調査の結果をふまえ、見直し後の監査項目、実施手続に従い本調査を行う。

調査結果については、監査項目ごとに整理のうえ、発見事項を抽出する。

なお、本調査では「第2章2(3)　実施手続」にも記載のとおり、次の点に留意することが重要である。

① チェックリスト上のコントロールが存在していない場合の潜在リスクはどのようなものか。
② チェックリスト上のコントロールにかわるコントロールはないか。
③ 結果として、チェックリスト上のコントロールが存在していないことによる残存リスクはどの程度のものか。

c　事実誤認の確認

本調査の結果を監査項目ごとに「現状」「発見事項」「改善課題」として整理し、被監査部門に対して事実誤認がないかを確かめる。

また、この際、発見事項については一方的言及に終始するのではなく、被監査部門と十分な議論を行い、改善課題の共通認識化に努めることが重要となる。

d　発見事項・改善課題の整理

　当作業ステップでは、調査結果から判明した発見事項をそのまま指摘事項とするのではなく、「何が真の問題」であるのか、現状のままでは「どのようなリスクが存在する」のか、そのリスクを軽減するには「どのような改善策が考えられる」のか明確にすることが重要である。

　さらに、必要に応じて、残存リスクの程度から、課題解決に要するリソース（人員面、体力面、費用面）を検討・勘案し対応の優先順位を明示するといった対応も考えられる。

　当該個別システム内部監査担当者のみでこれらを明確にすることが困難である場合には、監査部門全体で協議する等、有識者を交えた検討も有効となる。

　また、発見事項・改善課題の整理においては、次のような観点をふまえ作業を行うことも有効である。

① 体制・運営に関する問題・課題

　職務分離が不可能な組織構成／必要職務を担う所管部署が存在しない／委託先会社のスキル・ノウハウ不足あるいは倫理感に問題／ユーザ部門の関与不足／被監査部門のスキル・ノウハウ不足／困難なスケジュール／理不尽な指示・命令　等

② ルールに関する問題・課題

　ルールがない／ルールが不足している／ルールが妥当でない／ルールが環境にそぐわない／ルールが徹底されていない　等

③ 要員に関する問題・課題

　割り当てられた要員が不足している／要員のスキル不足（知らない／失念）／要員への教育が不十分（教えていない／連絡していない）／要員の倫理感に問題　等

④　環境・その他の問題・課題

　　スペース不足／執務場所不適切／環境・設備が不十分／導入技術上の問題　等

e　監査結果講評会の実施

　各種の調査結果、およびその結果をふまえて監査部門で検討した結果をもとに、監査結果講評会向けの資料を作成する。

　監査結果講評会向けの資料には、次のような事項を記載する。

① 監査項目
② 監査項目ごとの現状／指摘事項

　また、監査結果講評会は、次のような形式で実施する。

① 出席者
　・被監査部門の責任者
　・被監査部門の担当者
　・内部監査部門の責任者
　・システム内部監査担当者
② 報告事項等
　・総合所見
　・主な発見事項と改善提案
③ その他留意事項

　自社のシステムリスク管理態勢を向上させるといった観点からは、講評会を発見事項の一方的報告といった場にするのではなく、被監査部門が真に抱えている問題解決の糸口を助言できるように、あらかじめ事前準備・調査を行ったうえで講評会に臨むよう努めることが重要となる。

　また、指摘事項がある場合には、いつまでに、どのような対策を実施するかを明記した「改善計画書」を被監査部門から監査部門へ提出する期限を忘れずに設定する必要がある。

(3) 個別システム内部監査結果の報告

講評会が終了したら、個別システム内部監査の結果を書面にて関係者へ報告する（図表3－10）。

図表3－10　システム内部監査結果の報告における作業ステップ

プロセス	作業ステップ
個別システム内部監査結果の報告	監査結果通知書の作成
	監査結果通知書の交付
	監査結果の報告
	調書保管

a　監査結果通知書の作成

講評会までに実施した作業内容をふまえ個別システム内部監査の結果を書面にて報告するために「監査結果通知書」を作成する。当該通知書は被監査部門に対する正式な監査結果の通知と位置づけられる。

また、「監査結果通知書」には、次のような事項を記載する。

① 表題
② 通知書作成日
③ 監査実施責任者および担当者
④ 被監査部門
⑤ 監査の目的
⑥ 監査基準日
⑦ 監査の期間
⑧ 監査テーマ
⑨ 実施手続・方法
⑩ 監査結果の概要および総合評価（エグゼクティブサマリー）

⑪　指摘事項
⑫　指摘事項と対応の優先順位（整理した場合）
⑬　その他必要と思われる事項
⑭　閲覧資料一覧

　監査結果の概要および総合評価（エグゼクティブサマリー）には、指摘事項に係る記載のみならず、被監査部門として積極的に取り組んでいる事項や業務を取りまく環境・背景等も記載し、経営が被監査部門の現況を総合的に把握できるような内容となっていることが重要である。

b　監査結果通知書の交付

　「監査結果通知書」を被監査部門だけでなく、関係部門にも回付することで、関係者全員が当該監査結果について共通認識をもつよう留意する。

c　監査結果の報告

　個別システム内部監査の結果については、被監査部門や関係部門にのみ報告するのではなく、当然ながら、経営や監査役へ報告する必要がある。
　報告の形態は「監査結果通知書」により書面で報告する、あるいは、別途、報告会を開催する等さまざま考えられるが、あらかじめ定めている報告タイミングや報告方法にとらわれず、残存リスクの程度に応じ口頭で第一報を報告する等、柔軟に対応することが重要である。

d　調書保管

　監査調書とは、システム内部監査の全プロセス（個別システム内部監査計画作成から報告、フォローアップまで）においてシステム内部監査担当者が作成した文書、および被監査部門から収集した資料が該当する。
　監査調書は、監査結果を導き出すための根拠であるため、適切に保管することが要求されるが、たとえば、閲覧した資料については自社内に存在して

いるため文書名および版のみを記載する等、保管に係る負荷を軽減することをあわせて考慮することも重要である。

(4) 個別システム内部監査結果のフォローアップ

システムリスク管理態勢を高度化するためには、被監査部門において指摘事項に対して適切な改善を実施することが必要である。したがって、フォローアップもシステム内部監査における重要なプロセスであり、フォローアップにより被監査部門による指摘事項の改善が完了してはじめて当該システム内部監査が完了することとなる（図表3－11）。

図表3－11　フォローアップにおける作業ステップ

プロセス	作業ステップ
個別システム内部監査結果のフォローアップ	改善計画書の受領
	指摘事項の改善状況確認
	フォローアップ結果の通知・報告

a　改善計画書の受領

指摘事項がある場合には、通常、指摘事項に対して、いつまでに、どのような対策を実施するかを記載した「改善計画書」を被監査部門から受領する。

また、「改善計画書」の受領については、指摘事項の一覧表を作成のうえ、期日管理を行い、事前に設定した期限までに提出がない場合には、被監査部門に対し督促を行う等、フォローアップについても被監査部門任せにするのではなく、監査部門が積極的に関与することが重要である。

b　指摘事項の改善状況確認

期限が到来した指摘事項について被監査部門へ改善状況を確かめる。

正当な事由がないにもかかわらず、指摘事項への対応が遅延している場合には被監査部門に事実確認のうえ、対応を促すとともに、残存リスクの程度によっては、経営へ遅延している事実を報告する必要がある。

c　フォローアップ結果の通知・報告

　指摘事項の改善が完了したことを確かめた後には、当該調査結果を「フォローアップ報告書」に取りまとめ、被監査部門、関係部門へ通知するとともに、経営および監査役へ報告する。

4　システム内部監査に係る半期／年度報告

　システム内部監査態勢を高度化するための施策として、システム内部監査中長期計画およびシステム内部監査年間計画の見直し有無、あるいはシステム内部監査体制の見直し有無について経営、監査役、監査部門長の指示を仰ぐために、システム内部監査に係る活動状況を経営、監査役、監査部門長に定期的に報告する。

　報告内容としては、たとえば、次のような事項を取りまとめ、半期ごとまたは年度ごとに報告する。

① 　システム内部監査の実施状況
② 　重要指摘事項とその改善状況
③ 　システム内部監査担当者の教育・訓練に係る活動状況
④ 　システム内部監査に係る経費予算の執行状況
⑤ 　次年度または次半期のシステム内部監査における重点課題
⑥ 　その他（業界他社との内部統制水準比較等）

5 システム監査に係る外部委託

　システム内部監査要員を確保することが困難である金融機関においてはシステム監査を外部に委託していることがある。
　委託の方法としては、システム外部監査を委託する方法とシステム内部監査を委託する方法がある。
　システム外部監査を委託する場合には、外部の第三者が外部の基準・手続に従いシステム監査を実施することになるが、システム内部監査を委託する場合には、外部の要員がシステム内部監査の要員としてシステム監査を実施することになるため、図表3－12のような違いがある。

図表3－12　システム内部監査とシステム外部監査の相違点

	システム内部監査の委託	システム外部監査の委託
位置づけ	内部監査	第三者評価
指揮・命令系統	自社の内部監査部門	システム外部監査の委託先
利用する基準・手続	自社が定めた内部監査基準・手続	システム外部監査の委託先が妥当と判断した基準・手続（ただし自社と合意のうえ決定）

　したがって、システム監査を委託する場合には、自社の状況からシステム外部監査、システム内部監査のどちらを選択するかについて慎重に判断することが重要である。
　なお、システム外部監査を提供している企業の多くは、システム監査の豊富な経験があるはずであり、たとえば、あるリスクを低減するためのさまざまなコントロールの事例を知っている、あるいは、システムリスク管理に係る業界水準を把握しているといったことが考えられるため、システム外部監

査を適時実施することにより、システム内部監査とは別の側面から自社のシステムリスク管理態勢を高度化していくことが期待できる。

> **ポイント**
> - システム内部監査部門のリソースを有効活用するためには、リスクの高い領域を特定し、優先的に監査を実施することが重要
> - システム内部監査計画は、一度策定したものを確実に実行することも重要であるが、外部環境や内部環境の変化をふまえ、定期的または必要に応じて随時見直すことが重要
> - システム内部監査ではフォローアップまで確実に実施することで、PDCAサイクルを確立することが重要
> - 「第3章」で説明した手順を参考に、自社のリソースで実施可能なシステム内部監査の手順を確立すること、確立後は徐々に高度化していくことが重要

第4章

監査対象領域ごとのポイント・留意事項

本章ではシステム監査における主な監査対象領域ごとのポイント・留意事項を説明する。
　ここで思い出していただきたいのは、「第2章2(3)　実施手続」に記載したシステム内部監査における次の三つのポイントである。
① 　チェックリスト上のコントロールが存在していない場合の潜在リスクはどのようなものか。
② 　チェックリスト上のコントロールにかわるコントロールはないか。
③ 　結果として、チェックリスト上のコントロールが存在していないことによる残存リスクはどの程度のものか。
　本章には、主な監査対象領域ごとの潜在リスク例やコントロール例に加え、実際にシステム内部監査を行う際のポイント・留意事項をできる限り記載しているが、システム内部監査においては、これらのポイント・留意事項を活用し、残存リスクを評価していただきたい。
　本章を読み進めるにあたっては、上記の三つのポイントを頭の片隅に置いていただくことで、貴社でのシステム内部監査の実務において、有効に活用いただくことが可能になると信じている。

1　開発工程管理

　「1」では、開発工程管理に係る共通的な事項を説明するとともに、主要システムに係る事項、および基盤系システムに係る事項について説明する。
　なお、主要システムについては、特有の留意事項のある重要システムとして口座振替・総合振込・給与振込関連システム、為替システムを対象としている。

(1) 共　　通

　金融機関においてはシステムの企画工程・開発工程を定義しており、通常、開発工程は、いわゆる、要件定義や設計工程以降を対象としていることが多いと思われる。

　しかしながら、経営の視点からみた場合、開発の上流工程が重要であると考えられるので、多くの金融機関では企画工程に位置づけていると考えられるシステム化案件の選定やシステム化案件の投資対効果の評価についても「1」の対象としている。

　また、「1」では開発工程管理に係る評価ポイントを網羅的に記載するのではなく、読者が開発工程管理の評価を実施するうえでの考え方を理解する目的で、開発工程領域（一部企画工程領域を含む）における主たるリスク要因と考えられる開発品質に着目して、次のa～fの重要項目に焦点を当てて説明する。

　システム監査においては、「第2章2⑶　実施手続」に記載のとおり、潜在リスクを識別しコントロール状況を把握したうえで残存リスクを評価することが重要になるので、想定される潜在リスクおよびコントロールの事例について記載する。

　なお、システム内部監査の実務において、「1」に記載の潜在リスク例、コントロール例を活用する場合には、単純にコントロール例に記載のコントロールの存在有無を確かめるだけでなく、確かめた結果、どの程度の残存リスクがあるかを評価する必要がある点に留意してほしい。

a　システム化案件の選定

　システム化案件の選定は、効果的なシステム投資を担保するうえで重要な要素となる。

　システム化案件の選定に係る主な潜在リスク、コントロールの例として

は、次のようなものがある。

(a) システム化案件の優先度の検討に係る事項

システム化案件の選定に際しては、「全社的な優先度が十分検討されず、全社的な観点で相対的に重要度が低いシステム化案件が選定されてしまう」という潜在リスクが考えられる。

この潜在リスクを低減するためのコントロール例としては、次のような事例が考えられる。

> システム化案件を組織横断的な審議機関（経営層が関与）で検討・選定するようになっている。

(b) 経営戦略・業務戦略との整合性に係る事項

システムを開発する最大の目的は経営戦略や業務戦略を実現することである。この目的を充足していない開発は自社の経営戦略・業務戦略に合致していないことを意味するので、システム内部監査においては、当該開発の必要性を疑う必要がある。

したがって、「経営戦略、あるいは業務戦略に合致しないシステム化案件の比率が高くなり、結果として効果的なシステム化がなされない」という潜在リスクが考えられ、経営戦略・業務戦略との整合性はシステム内部監査における主要な監査項目の一つとなりうる。

この潜在リスクを低減するためのコントロール例としては、次のような事例が考えられる。

> システム化案件選定時、中長期経営戦略・業務戦略等、あるいは年度経営戦略・業務戦略等を具体化する案件か否かを選定基準に含めている。

b　システム化案件の投資対効果の評価

　システム化案件が当初目的どおりの効果を提供できたか否かを明確にし、当初目的どおりの効果を提供できなかった場合には、今後のシステム化案件選定プロセスの改善につなげることが重要である。

　投資対効果評価に係る主な潜在リスク、コントロールの例としては、次のようなものがある。

(a)　システム化案件依頼に係る事項

　システム化案件依頼時には、通常、「なぜ、当該システム化を行うのか」を明確にすると考えられる。ここが明確でないと、そもそもシステム化する必要があるかどうかを明確にすることができない。

　したがって、「システム化案件依頼時に目的、効果、および効果把握方法が明確にされないため、システム化案件の有効性があいまいになる」という潜在リスクが考えられる。

　この潜在リスクを低減するためのコントロール例としては、次のような事例が考えられる。

> ①　システム化案件の依頼書で目的、効果、および効果把握方法の記載を必須とし、システム化案件選定時に記載必須の項目とする。
> ②　あわせて、システム化案件依頼プロセスを規定する基準で上記を明確にする。

(b)　システム化案件の投資対効果のフォローに係る事項

　システム化案件完了後に明確な投資対効果のフォローを行っていない場合、当該金融機関では、「b」の冒頭に記載しているシステム化案件の選定プロセスの改善を行う仕組みを構築できていない可能性がある。結果として、効果の低いシステム化案件が実施されてしまうという懸念につながる。

したがって、「システム化案件の投資対効果がフォローされず、システム化案件の目的・効果が達成されたか明確にされず、効果的なシステム化がなされたかあいまいになる」という潜在リスクが考えられる。
　この潜在リスクを低減するためのコントロール例としては、次のような事例が考えられる。

① 一定規模以上のシステム化案件[1]について、投資対効果が事後フォローされるようになっている。
② 開発に係る費用[2]のみではなく、本番稼働後の維持費用を含めた投資額がシステム部門により算出されている。
③ 効果の把握方法が具体的になっている[3]。
④ 効果フォロー対象案件が主管部門（ここでの主管部門はシステム部門ではなく、企画部門等全社的な企画を担う部門が望ましいと考えられる）によりフォロー時期およびフォロー主管部門が記載された一覧表で整理・管理されている。

c　業務要件定義

　近年、システム化案件の多様化、あるいはシステム要員のローテーション

---

[1] 工数が小さいシステム化案件を含めて全システム化案件を対象に投資対効果を評価することは、必ずしも効果的であるとはいえない可能性があるため、一定規模以上（全体の年間開発規模等に依存）を対象に実施することが考えられる。
[2] 外部委託している実費用のみではなく、組織内要員の工数を含める必要がある（例：一人月100万円換算）。
[3] 定量的に把握できない効果については、システム化前後の営業推進方法／事務処理方法／その他作業方法等が具体的にどのように変更されるかが記載され、効果フォローが可能な記載になっているかを評価することになる。
　定性的な効果の場合には、まず当初予定したシステム利用方法・利用頻度になっているかをフォローすることで、目的に合致したシステム利用がなされているかを評価できる。

に伴い、システム部門では必ずしも十分（詳細）に業務要件を把握・認識できないケースが多くなる傾向があるため、利用部門（システム化案件依頼部門）が業務要件を具体的に提供する必要性が高くなっていると考えられる。

このような背景をふまえると、業務要件定義に係る主な潜在リスク、コントロールの例としては、次のようなものが考えられる。

(a) **業務要件定義の十分（詳細）さに係る事項**

システムは業務要件定義に従い、設計、製造、テスト工程を経て完成するため、要件定義は開発の根幹である重要な工程であり、また、上述のとおり、業務要件定義への利用部門の関与の必要性は高まっているといえる。

このような状況においては、業務要件定義を利用部門が主体となって実施し、システム部門へ提示することが重要となる。

したがって、「十分な業務要件が利用部門より提供されず、結果としてユーザ検証（UAT（User Acceptance Test））、あるいは本番稼働後に一部利用部門の要望と異なるシステム対応がなされてしまう」という潜在リスクが考えられる。

この潜在リスクを低減するためのコントロール例としては、次のような事例が考えられる。

① 業務要件に記載する項目が標準化（規定化・書式化）され、システム化に必要な情報が提供されるようになっている。
② 業務要件をシステム部門がシステム化の視点で整理したシステム要件を利用部門が検証している[4]。
③ システム部門は、業務要件受領後に利用部門と協議して追加、変更、あるいは詳細化した業務要件について記録し、利用部門が確認し

---

[4] すべてのシステム化案件でシステム要件の検証が必要か否かは検討の余地があるので、自社内の基準等に照らして評価する必要がある。

ている。

(b) 利用部門の業務要件定義の参加者（承認者）に係る事項

上記「(a) 業務要件定義の十分（詳細）さに係る事項」に記載のとおり、業務要件定義への利用部門の参加は必要であるが、その参加者が、一部の担当者のみであり、利用部門としての承認を得ないままのものであったとすると、定義した業務要件は、本来、利用部門が意図していた業務要件とは異なる可能性がある。

したがって、「業務要件が利用部門の担当者レベルで作成・提出され、利用部門全体の業務要件が反映されない」という潜在リスクが考えられる。

この潜在リスクを低減するためのコントロール例としては、次のような事例が考えられる。

業務要件（定義書）は利用部門の責任者に承認されている。

(c) 利用部門の業務要件定義のノウハウに係る事項

上記「(a) 業務要件定義の十分（詳細）さに係る事項」「(b) 利用部門の業務要件定義の参加者（承認者）に係る事項」に記載のコントロール例と同様のコントロールが存在したとしても、利用部門が業務要件をシステム部門に十分に伝達できない場合には、業務要件をシステム部門が把握できないため、結果として利用部門の意図する業務要件と異なるシステムが開発される可能性がある。

したがって、ここでは、「利用部門に業務要件を記載するノウハウがなく、不十分な記載内容となってしまう」という潜在リスクが考えられる。

この潜在リスクを低減するためのコントロール例としては、次のような事例が考えられる。

① 利用部門にシステム化対応担当者を任命して、業務要件記載方法について教育・周知しているか、あるいは事務企画部門等が業務要件作成支援を行う体制を整備している。
② 主要パターンのシステム化案件について、業務要件記載ひな型を準備する等業務要件記載内容の標準化が図られている。

d 利用部門の開発工程への関与

開発工程における利用部門の関与としては、上記「c　業務要件定義」で記載した業務要件提供時の関与に加えて、業務要件を反映したシステム化がなされているかの検証、システム化案件の本番適用（リリース）時期の承認、および本番稼働直後の検証で関与することが考えられる。

これらの利用部門の関与における主な潜在リスク、コントロールの例としては、次のようなものが考えられる。

(a) 利用部門における業務要件のシステム化検証に係る事項

業務要件定義を受けて、システム部門では業務要件をシステム化の視点で整理したシステム要件に取りまとめる。

ここでは、業務要件に沿ったシステム要件を整理して開発しているはずであるが、業務要件の誤認等により必ずしも業務要件に沿ったシステムとなっていない可能性があるため、システムに係る利用部門の検証は重要であると考えられる。

したがって、「利用部門による、業務要件の正確なシステム化検証が実施されないと、本番稼働後に機能追加、あるいは機能変更等追加的なシステム化対応が発生してしまう」という潜在リスクが考えられる。

この潜在リスクを低減するためのコントロール例としては、次のような事例が考えられる。

① 利用部門による業務要件の検証（UAT等[5]）を実施している。
② 利用部門は、業務要件検証のための検証項目（チェックリスト）を作成して実施している。また、検証担当者以外のレビューを行っている。
③ リスク対効率性を加味して（業務要件の範囲、難易度、あるいは複雑度等に依存）、全システム化案件に対して利用部門による業務要件の検証を必須とはしない場合、システム化案件依頼書等で利用部門による検証要否を明確にしている。
④ 利用部門による業務要件検証が可能なテスト環境を準備・整備している。

(b) 利用部門における本番適用（リリース）の承認に係る事項

開発したシステムの本番適用（リリース）は利用部門が当該システムを使用する準備ができた段階で実施することが必要である。

たとえば、本来は現状のシステムの機能を利用して業務を行うべき時期に、新しい機能を本番適用してしまうことで現在の機能が失われた場合、利用部門は本来行うはずであった業務を行うことができないといった状況になる可能性がある。

したがって、「本番適用（リリース）時期承認に利用部門が関与しないため、業務上誤ったタイミングで新機能等が提供されてしまう」という潜在リスクが考えられる。

この潜在リスクを低減するためのコントロール例としては、次のような事例が考えられる。

---

[5] 端末打鍵による検証、端末打鍵結果を含めたバッチ処理生成帳票による検証、あるいはシステム部門による総合的なテスト実施時の帳票による検証等が考えられる。

> 本番稼働判定会議への参加（議事録等の承認記録が必要）、あるいは本番稼働日（オンライン開始時点適用、あるいは夜間バッチ開始時適用等のタイミングの識別も必要）が記載された本番稼働申請書等での承認を実施している。

(c) **利用部門における本番稼働後の検証に係る事項**

システムは利用部門、システム部門が協力し完成させるものであるが、やはり、人間がつくるものであり、完全にミスを排除することはむずかしいのが実情だと考えられる。

その意味で、顧客に影響する等、特に重要な機能については、本番稼働したシステムが正しく稼働しているかといった観点での検証も重要となる。

したがって、「利用部門検証の不十分等で本番稼働前に発見できなかった業務要件の不十分項目が本番で発生してしまう」という潜在リスクが考えられる。

この潜在リスクを低減するためのコントロール例としては、次のような事例が考えられる。

> 利息計算・手数料計算関連機能の変更、顧客宛DMの変更、あるいは残高証明に関連する変更等顧客影響を伴うシステム化案件の場合、本番稼働後最初に生成される帳票等を検証している[6]。

---

[6] 対象となるシステム化案件は限定的であると想定されるので、本番稼働後検証の要否をシステム化案件依頼書等で明確にされているかを評価したうえで、実際に検証されているかを評価することになる。

e　開発工程管理の標準化

　外部委託が一般的になっている環境下では、開発要員の意識・ノウハウ水準にバラツキが発生することが考えられる。

　したがって、手順、書式、チェックリスト、成果物、あるいはレビュー方法等について標準化することが開発品質を確保するうえで重要になる。

　開発工程の標準化に係る主な潜在リスク、コントロールの例としては、次のようなものが考えられる。

(a)　標準化全般に係る事項

　手順、書式、チェックリスト、成果物、あるいはレビュー方法等の標準化は開発品質を確保するうえで重要であり、そもそも標準化が十分になされていない場合には、開発品質についても十分に確保できていない可能性がある。

　したがって、「基本設計／詳細設計／プログラム設計／プログラミング／単体テスト／結合テスト／総合テスト等の詳細工程別に手順、使用書式・チェックリスト、成果物、あるいはレビュー実施等があいまいになっており、担当者・レビュー者により品質にバラツキが発生し、十分な品質が確保されずに本番適用されてしまう」という潜在リスクが考えられる。

　この潜在リスクを低減するためのコントロール例としては、次のような事例が考えられる。

① 開発工程の詳細工程を分類している。
② 各詳細工程単位に、使用すべき書式・チェックリスト、成果物、レビュー要否、レビュー記録、承認者等を規定している。

(b)　無影響確認に係る事項

　開発においては、主に開発対象とするシステムや機能について標準化された手順に従い、標準化された書式、チェックリスト等を活用し、標準化され

た成果物を作成する。

　このため、本番稼働後に発生したシステム障害により、もともと開発対象に含まれていないシステムや機能においても対応が必要であったことが判明することがある。

　このような事態を回避するためには無影響確認を行うことが有効となる。

　したがって、ここでは、「変更対象部分は十分検証されたが、無影響確認が不十分なため、変更部分以外で障害が発生してしまう」という潜在リスクが考えられる。

　この潜在リスクを低減するためのコントロール例としては、次のような事例が考えられる。

> ①　無影響確認テスト（リグレッション・テスト）の要否、および範囲がテスト計画書／テスト項目表にて明確にされるルールとなっているか。
> ②　無影響確認テスト要否、および範囲がテスト計画書／テスト項目表の書式により標準化され、必ず記載されるようになっているか。
> ③　無影響確認テスト要否、および範囲の妥当性が該当システム・機能を十分理解した上位者により検証されているか。
> ④　無影響確認テスト実施のためのテストデータ準備を含むテスト環境が整備されているか。

(c)　**標準化の実践に係る事項**

　開発品質を確保するためには、標準化に係るルールを定めるだけでなく、当然ながら当該ルールに従い標準化を実践する必要がある。

　したがって、「標準化が手順書を含めて文書レベルで規定されているが、書式・チェックリスト、あるいはレビュー・承認記録の整備が不十分な環境にあるため、規定どおりに実践されているか担保されず、結果として一部不

十分な作業により障害が発生してしまう」という潜在リスクが考えられる。

この潜在リスクを低減するためのコントロール例としては、次のような事例が考えられる。

① 開発工程全体をカバーした品質管理用書式7が整備され、詳細工程単位の対応状況が管理できるようになっている。
② 各詳細工程単位に、使用すべき書式・チェックリスト、あるいはレビュー記録等が整備され、実運用されている。
③ 各書式・チェックリスト、あるいはレビュー記録等の承認者が規定され、規定された承認者による承認が実施されている。

f 主要工程におけるレビューの実施

上記eにて開発工程管理の標準化について記載したが、開発工程における品質確保上最も重要な施策の一つとして、標準化以外にも有識者による実効性のあるレビューの実施がある。

有識者によるレビューの実効性に係る主な潜在リスク、コントロールの例としては、次のようなものが考えられる。

(a) 有識者のレビューの実施に係る事項

上記に記載のとおり、有識者によるレビューには、開発過程での誤りを発見し修正する開発品質を確保するための有効な施策の一つと考えられるので、有識者のレビューを実施していない場合には、開発品質についても十分に確保できていない可能性がある。

---

7 システム化案件の変更規模、変更対象機能・変更対象プログラム、および業務上の重要性に基づき、各詳細工程の要否、詳細工程ごとのレビュー要否、あるいは承認者レベル等が異なると想定されるため、これらを具体的に記載・承認する目的等で開発工程全体をカバーした管理書式等が必要になると考えられる。

したがって、「有識者によるレビューが実施されず、品質が確保されない」という潜在リスクが考えられる。

この潜在リスクを低減するためのコントロール例としては、次のような事例が考えられる。

> ① システム化案件単位にレビュー実施状況を記録する書式を規定・導入している。
> ② 該当システム化案件に合致した有識者がレビューすることを担保している。たとえば、システム・機能単位に有識者を任命／明確化している。

(b) 有識者のレビューの十分性（時間）に係る事項

仮に有識者のレビューを実施していたとしても、当該レビューを実施するために十分な時間を確保していない場合には、当該レビューが形骸化し、実効性に懸念が生じる。

したがって、有識者によるレビューの実効性を確保するためには適切なレビュー時間を確保する必要があるので、「有識者がレビューしたが、必要とされる十分な時間を確保しないため、一部不完全なレビューとなり、結果として一部品質が確保されない」という潜在リスクが考えられる。

この潜在リスクを低減するためのコントロール例としては、次のような事例が考えられる。

> システム化案件の規模、複雑度、変更対象機能、プログラムの重要度、および業務重要度により、レビュー必要時間を定め、レビュー実施管理表等でレビュー必要時間を指定し、実際のレビュー時間が予定時間対比で遵守されている[8]。

(c) **有識者のレビューの十分性（レビュー実施者）に係る事項**

有識者のレビューの十分性については、上記(b)の観点に加え、参加する有識者がだれであるかも重要となる。

たとえば、Aシステム・Bシステム・Cシステムに係るシステム化案件のレビューにおいて、Aシステム・Bシステムの有識者のみが参加し、Cシステムの有識者が参加していない場合には、当該レビューの実効性には懸念が生じる。

したがって、有識者によるレビューの実効性を確保するためには適切な有識者が参加する必要があるので、ここでは、「複数領域にまたがるシステム化案件にもかかわらず、主管グループの有識者のみがレビューを実施し、関連グループの有識者によるレビューが実施されず、関連グループに係る機能において品質が確保されない」という潜在リスクが考えられる。

この潜在リスクを低減するためのコントロール例としては、次のような事例が考えられる。

① 該当システム化案件のレビュー実施に際して、レビュー実施管理表等で必要な有識者が指定され、実施されるようになっている。
② システム化案件により、有識者による個別レビューではなく、関連有識者が参加したレビュー会議体でレビューが実施されるようにレビュー実施管理表等で明確にしている。

(d) **有識者のレビューの網羅性に係る事項**

システム化案件の対象領域に係る有識者が全員参加し、適切な時間をかけてレビューを実施していたとしても、レビューすべき事項のうち、一部の事項についてレビューがもれていた場合には当該レビューの実効性には懸念が

---

8 一般的に有識者は多くのシステム化案件を担当する等時期によっては、結果として十分なレビュー時間を費やせない可能性を有しているので、上記の評価が必要になる。

生じる。

したがって、「有識者によるレビューが実施されたが、レビューチェックリスト等を利用せず、経験・ノウハウに基づくレビューを実施したためレビューの網羅性が担保されず、結果として一部品質が確保されない」という潜在リスクが考えられる。

この潜在リスクを低減するためのコントロール例としては、次のような事例が考えられる。

> 各詳細工程単位にレビューチェックリスト等レビューの網羅性を担保するための工夫がなされている。

ポイント
- システム開発は経営戦略を実現するための手段であるため、システム内部監査では次の事項を対象とすることも重要
  - システム化案件の選定プロセス
  - システム化案件の投資対効果の評価プロセス
- 開発工程管理を対象としてシステム内部監査を実施する際には次の事項に留意することが重要
  - システムの品質を高めるには、開発工程（特に要件定義、ユーザ検証（UAT））への利用部門の関与が不可欠
  - 開発工程の品質を確保するためには標準化・レビューが重要

(2) 主要システム

a　口座振替・総合振込・給与振込関連システム

口座振替・総合振込・給与振込関連システムでは、企業等金融機関の顧客より依頼される大量データ処理を定期的に実施しており、金融機関の主要な決済機能を担い、業務への影響も大きいシステムとなる。

図表4－1　口座振替・総合振込・給与振込関連システムの関連機能とコントロール例

関連機能例	コントロール例
企業等の新規登録	・新規登録作業時における組織・職務分離がなされている。
企業等からのデータ受付	・依頼先認証手続が明確にされている。 ・処理もれ、あるいは二重処理の防止に係るチェック機能が導入されている。
授受済データの取消・変更	・受取データの取消・変更を許容している。 ・許容している場合、受取データの取消・変更に関する統制（コントロール）機能が明確にされている。
受付・返却データの改ざん保護	・記憶媒体による授受・保管、あるいはデータ伝送による授受・保管における統制（コントロール）機能が明確にされている。 ・システム内に保有されているデータに対するアクセス権限の限定を含めた保護機能が十分施されている9。
受領データの期日管理 【データは事前に受領しているので、処理日（振替／振込の指定日）まで期日管理される】	・期日管理システムへのデータ引渡しにおける統制（コントロール）機能が十分である。 ・期日管理および期日到来時における適切な（もれなく、かつ二重に処理されない）抽出が統制（コントロール）されている。
口座振替処理の対象預金口座のデータ読替対応 【過去の他金融機関統合、店舗移管、あるいは店舗統合時に店舗番号を含む口座番号が変更になり、口座振替預金口座を旧口座番号のまま変更しない預金者対応】	・過去の他金融機関統合、店舗移管、あるいは店舗統合に基づく口座振替用預金口座番号データの読替処理における統制（コントロール）機能が導入されている。 ・読替対象口座が多くなっているにもかかわらず、見直し・減少させるよう対応している。
当日処理分の整合性検証	・当日処理予定分データが、（センターカット等で）もれなく処理されたことを検証している。
処理結果の返却（口座振替のみ対象）	・処理結果データの抽出・作成におけるもれ防止のための統制（コントロール）がなされている。

したがって、処理もれ防止、適切な期日管理、正確な結果返却（口座振替のみ対象）が要求される。

このような観点をふまえ、当該システムに係る関連機能別に必要と考えられるコントロール例を図表4－1に記載する。

b　為替システム

一般的に為替システム（勘定系システムを構成する機能）は、「全銀システム」更改時以外はシステム変更が少ないシステムだが、障害発生時の業務への影響は大きいため、金融機関の経営に与える影響も当然ながら大きいものとなる。

したがって、本章の「1」で説明した開発工程管理の共通的な事項に加えて、耐障害性を高めることが重要となる。

為替システムの耐障害性に係る主な潜在リスク、コントロールの例としては、次のようなものが考えられる。

(a)　リスク例

① 各種要因（朝一番の前日からの繰越取引を一斉に処理する場合等、取引量が非常に多くなる場合を含む）により為替データが滞留してしまう。為替送信時限近くで滞留が発生すると対象電文がすべて送信できなくなる。なお、一時的な取引量増による自然滞留の場合は、時間経過とともに滞留がなくなるので問題が顕在化する可能性は低い。

② メーカー提供のシステムソフトウェア起因等により為替システムで障害が発生し、対応時間の長期化に伴い為替送信時限までに発信できなくなる。

(b)　コントロール例

① 為替電文の滞留発生有無のモニタリングが適切に（滞留可能性がある部

9　件数・金額による検証機能・手続は十分確保されているが、被振込先データの改ざんは検知されがたいケースがあると想定される。したがって、システム内保有データへのアクセス権限を含む制限が重要になる。

分をすべて網羅して）かつ適時に（事前警告⇒本警告）実施される仕組みになっている。

② 滞留が発生した場合の原因調査や滞留が減少するまでのモニタリング等の手続を明確化（たとえば、作業指示書等でのモニタリング記録記載）している。

③ 為替滞留発生時の対応手続、対応ツール（調査ツール、強制処理ツール等）の利用方法、および対応ツールの稼働確認10を行う訓練を定期的（重要な障害対応手順であるので年1回の実施を推奨）に実施している。

④ 為替データの入力経路が多様化されていることをふまえて、次に例示の入力経路を考慮して対応策が検討されている。

・営業店端末・データエントリーシステムからの入力経路
・データ伝送および記憶媒体からの入力経路（期日管理⇒該当日分データ抽出⇒センターカット処理）
・為替集中（OCR）システムからの入力経路
・EBからの入力経路
・FAXからの入力経路
・ATMからの入力経路
・インターネットバンキングシステムからの入力経路

(3) 基 盤 系

基盤系とは、さまざまな定義の仕方があると思われるが、(3)ではアプリケーションを動かすための仕組みと定義する。

したがって、(3)で対象とする基盤系は、本番環境でシステムを動かす仕組

---

10 為替障害対応で強制発信ツールにて滞留電文を送信しようとしたところ、ツールによる1回当りの送信可能電文数に制限があり、何十回も該当ツールを起動して対応することが必要になり、結果として一部送信時限に間に合わない事象が発生した事例もある。したがって、ツールが目的どおりに機能するか、あるいはツールが動く環境条件になっているか等を検証しておくことも重要になる。

みから、プログラムライブラリを管理するツールや、開発環境でドキュメントやテストデータを管理するツールまで幅広くとらえることができる。また、アプリケーションを動かすためのOS（オペレーティング・システム）やミドルウェアや各種支援プログラム、ネットワークも当然含まれる。

しかしながら、これらすべてを説明することは紙幅の関係上不可能であるため、筆者がその経験から、システム内部監査担当者としてぜひ知っておいてもらいたいと思う基本事項について記載することとしている。

具体的には、整理の仕方もいろいろ考えられるが、開発環境からオフサイト・バックアップシステムまでの次の13の項目を本章「1　開発工程管理」の対象としている。

① 開発環境　　　　　　⑧ 流量制御
② システム構成　　　　⑨ 通信サーバー（HUB）
③ オンラインとバッチ　⑩ インターネット接続
④ 自動運行ツール　　　⑪ 保守期限
⑤ DB再編成等　　　　　⑫ バックアップ・リカバリ
⑥ システムの制限値　　⑬ オフサイト・バックアップシステム
⑦ ネットワーク

なお、(3)では新聞紙上で大きく取り上げられた重大障害の原因となった事例についても触れているので、参考にしていただければ幸いである。

a　開発環境

開発環境には、新たにシステムを構築する新規開発環境と、いったん新システムとして本番運用が開始された後の保守環境がある。

(a)　開発に使用するツールに係る検証

開発工程は一般に、設計、製造、単体テスト、結合テスト、総合テストといった一連の工程からなるが、システム開発において、システムの品質やその開発生産性を左右しかねない重要な要素として、本章「1」の(1)に記載し

ている標準化等に加え、基盤の観点からは各種ツールの整備がある。

　したがって、システム内部監査を実施する際には、各工程における要員やリソースの確保だけでなく各工程で使用するツールが整備されていることを確かめることが重要になる。

(b) システム基盤に係る検証

　テストにはアプリケーションが要件どおりに正しく動くか、といった業務面の検証に加え、システム運用マニュアルや障害復旧マニュアルの記載が正しいかといったシステム運用面での検証や、システムのレスポンス・処理能力といったシステム性能面の検証といったシステム基盤面の検証も必要である。

　したがって、システム内部監査を実施する際には、業務面のテストだけでなく、上述のシステム基盤面の検証が適切に実施され、評価されているかを確かめることが重要になる。

(c) 開発に使用していた基盤を本番として利用する場合の検証

　新規のシステム構築の場合、最終のテスト工程で使用されていた環境を本番環境として利用するケースが多いと考えられる。この場合には、本番環境で開発時に使用していたシステム管理用ユーザIDが整理されないまま残存してしまうことがある。

　このようなユーザIDが残存し、かつ、本番環境のユーザIDとして管理対象になっていない場合には、当該ユーザIDを使用して不正に本番環境へアクセスできることとなる。

　したがって、システム内部監査を実施する際には、上記のようなユーザIDについての対応状況を確かめることが重要になる。

(d) 開発と運用の分離および開発担当者の本番環境へのアクセスに係る検証

　保守工程では本番環境の安全性を確保するために、本番環境と開発環境との分離や、開発・保守担当者と運用担当者の分離が基本となる。

しかしながら、環境や担当者が開発・保守と運用に分離していても、障害の原因調査や障害対応として開発・保守担当者が本番環境へアクセスせざるをえない事態が発生し、アプリケーションのテストに本番データを使用せざるをえないことも生じる。

このような場合の本番アクセスのモニタリングの仕組みや本番データのマスキングツール等も基盤系の仕組みとして、アクセス承認手続や本番データ使用手続とともに本番開始までに整備しておく必要がある。

したがって、システム内部監査を実施する際には、本番と開発の分離状況や、本番アクセスに備えたアクセス管理の仕組みや手続の整備状況を確かめることが重要になる。

b システム構成

基幹系オンラインシステムは、最近では、サーバーでの稼働例もみられるが、メインフレームで稼働する事例も多く、メインフレームで稼働している場合には、データコミュニケーション（通信）を扱う"DC"とデータベースを扱う"DB"から構成されていることが多いと考えられる。

この場合、アプリケーションは、"DC"を介して端末やATM、外部センターとの電文を送受信し、"DB"を介して元帳の更新を行う仕組みとなっている事例が多くみられる。

その他、バッチジョブ（処理）をあらかじめ登録されたジョブネットワーク（順序関係）に従って自動運行するための自動運行ツールや、システムやネットワークの稼働状況を監視する監視ツール等も、実運用上はなくてはならないものとなっていると考えられる。

システム構成については、金融機関で採用しているアーキテクチャーの考え方等によって異なるが、システム内部監査を実施する際には、システムを構成する各パーツを把握し、それぞれにどのような潜在リスクがあるかを検討する必要があるので、システム内部監査担当者はシステム内部監査の対象

システムのシステム構成を把握することが必要になる。

c　オンラインおよびバッチ

　最近では、オンラインシステムを24時間連続稼働させ、大量の公共料金自動振替や給与振込等を処理する、センターカット処理をバッチ処理ではなくオンライン処理として実施するシステムが増加していると思われる。

　一方で、24時間連続でのオンライン稼働はできず、オンライン業務終了後、翌日のオンライン業務の準備をバッチ処理で実施してからでないと翌朝のオンライン業務が開始できないシステムもある。

　このようなシステムの場合には、夜間にトラブルが発生すると、翌日のオンライン業務の開始が遅延し、センターカット処理を翌日へ繰り延べざるをえないといった事態が発生する。

　したがって、システム内部監査を実施する際には、自社のシステムの仕組みを把握し、夜間のトラブル発生時の連絡・復旧作業体制や翌日のオンライン業務立上げ対応体制（判断責任者、顧客影響の広報体制、営業店への指示連絡体制、経営への報告体制等）が明確になっており、不測の事態に備えた訓練を適切に実施しているかを確かめることが重要になる。

d　自動運行ツール

(a)　リランに係る検証

　バッチ処理はオペレータが指示書等に基づいて１ジョブごとにスタートさせる方式ではなく、通常、自動運行ツールが事前に登録されたジョブネットワークに従って順次自動スタートさせていくことが一般的になっていると考えられる。

　自動運行ツールでは、通常、ジョブが異常終了した場合には、当該ジョブの後続ジョブは自動スタートせずに停止する。システム部門担当者は、異常終了したジョブの原因を調べ、JCL（ジョブ内容定義）やプログラムあるいは

データ等を修正のうえ、ジョブをリラン（再実行）するといった対応をとる。

リランにおいては、後続ジョブへ異常終了したジョブで作成したファイルではなくリランで新たに作成したファイルが入力ファイルとして正しく引き継がれることが重要となる。この引継ぎが正しく行われないと、後続ジョブは正常終了しても、入力ファイルが誤っているので当然ながら処理結果は誤ったものとなる。

したがって、システム内部監査を実施する際には、リラン時にシステムで自動的に正しいファイルが引き継がれる仕組みか、あるいは手作業で入力ファイルの指定を変更する仕組みなのかを確かめるとともに、手作業で入力ファイルの指定を変更する場合には、どのようなコントロール（手続やチェックリスト等）で誤りが生じないようにしているかを確かめることが重要である。

さらに、当該コントロールが実践されているかの運用状況を確かめることでシステム内部監査の深度を深めることができる。

(b) ジョブネットワークの変更管理に係る検証

一般的に、変更管理については、プログラムのみに目が行きがちであるが、ジョブネットワークの追加・変更はプログラムの走行順を規定するものであり、その追加・変更・削除がミスなく実施されるコントロールとなっているかは非常に重要である。

また、削除については盲点となりがちであるが、他のジョブの順序性に影響しないことをどのように担保しているかを確かめることも重要である。

たとえば、削除には、ある商品を廃止したので関連ジョブを削除したら、センターカットのデータ作成処理と元帳更新処理の実行順が逆転し、前日のデータを使用して元帳を二重更新するといった事態を招くといったリスクがある。

したがって、システム内部監査を実施する際には、ジョブネットワークの

変更管理に係るコントロールが整備され、適切に運用されているかを確かめることが重要になる。

e DB（データベース）再編成等

データベースはあらかじめ物理的な使用予定エリアを定義し、そのなかを論理構造に分割して使用する仕組みとなっており、使用状況をモニタリングして、不要となった論理構造部の削除による再使用や、読取・更新処理の効率化のために定期的に再配置を行うことが一般的となっていると考えられる。

このような再定義、再配置は通常オンライン業務中には実施できないため、オンライン業務の停止時間帯に実施するのが一般的であるが、データベースの使用状況がモニタリングされていないと、突如、オンライン業務を中断して再定義、再配置等を実施する必要が生じる可能性がある。

また、データベースの構造上、たとえば、入学金や寄付金の振込といった事象が短期間に集中して発生した場合、特定箇所に集中してデータの追加が発生するといった事態になり、急激なレスポンスの低下やデータ用の領域の枯渇により取引が異常終了するといったことが想定される。

このような事象が発生することをあらかじめ把握できている場合には、当該データ用の予備エリアを事前に多く割り当てることによりレスポンスの低下等を回避する、あるいは、突然の大量振込発生に備えて、一定件数を超えると明細を圧縮して保有し、顧客への明細還元は別途バッチ処理で行う等の対策を講じておくといった対応が考えられる。

したがって、システム内部監査を実施する際には、短期・大量発生型の取引に対するシステム的な制約の有無やその回避策、当該事象発生時のコンティンジェンシープランが整備されているかについて確かめることが重要になる。

f システムの制限値

　アプリケーションだけでなく、"DB"や"DC"もプログラムやテーブル等から構成されており、通常は必ず制限値をもっている。

　また、メモリやディスクが高価であった時代には、各フィールドの桁数をできるだけ少なくし、資源の節約を図っていたため、特に設計が古いシステムについては制限値に留意する必要がある。

　設計の古いシステムでは、プログラム単位の設計ドキュメントが整備されていないことも多いので、そういった場合には制限値についてコーディングベースで調査する必要がある。さらに、洗い出された各項目の制限値については、評価のうえ、使用状況をモニタリングできる仕組みが整備されているかを確かめることも重要になる。

　特に、一般的には、口座振替関連業務のプログラムはほとんどメンテナンスが発生しないため、構造も古く熟知した人材がいないことが多いと考えられるので注意が必要である。

　また、"DB"や"DC"の内部構造に起因する制約についてはベンダー等に照会して調査する必要があるかもしれないし、利用部門がテーブル等に定義して使用しているものは利用部門で調査する必要がある。

　さらに、アプリケーションの制限値を拡大するといった場合には、個々のプログラム内での固有項目であれば比較的容易に変更可能なことが多いのに対して、アプリケーションでも複数のオンラインプログラムで共用している項目の場合や"DB"や"DC"の場合には基本的にオンライン業務を停止して該当テーブルやプログラムを修正する必要があるということに注意する必要がある。

　以上をふまえ、システム内部監査を実施する際には、システム制限値に関する調査状況やモニタリング状況、制限値に達した場合の対応手続の整備状況について確かめることが重要になる。

なお、これらの制限値については、平成23年7月8日の金融庁によるシステムリスクの総点検に係る要請をふまえ、調査している金融機関が多いと思われるが、未実施である場合には実施されることをお勧めする。

g　ネットワーク

サーバー間、サーバー・クライアント間の通信経路となるネットワークも基盤の構成要素の一つである。

ネットワークの通信容量の拡大は目を見張るものがあるが、一方で、通信データ量も増加しており通信経路の使用状況のモニタリングはやはり必要なコントロールと考えられる。

また、回線や通信機器の障害対策としては、バックアップ経路が確保されていることが重要になる。

障害時のバックアップ経路への切替えはシステム的に自動的に切り替わるものも多くなっているが、手動切替えの場合もあり、この場合には、マニュアルを整備し切替訓練を実施するといったコントロールが重要になる。

さらに、ネットワーク構成機器の障害に備え、ルータやスイッチ等については設定情報のバックアップを取得・保管しておくことも必要になる。

したがって、システム内部監査を実施する際には、ネットワーク障害対策の十分性や訓練実施状況を確かめることが重要になる。

h　流量制御

システムは同時に処理能力以上の取引を受け付けると、レスポンスが悪化してシステム停止したような状態になることがある。このような事態に備えて、ある基準を超えると何も処理しないでエラー応答（端末側では、ただいま混み合っていますので、しばらく時間をおいて再度入力してくださいといったメッセージを表示する等）するような仕組みにしておくことが考えられる。

このような仕組みは、本来システムの設計・導入時に組み込まれているこ

とが望まれるが、組み込まれていない場合には、今後の取引件数の推移とそれに伴い要求される処理能力等を分析し、組込みの要否を検討することが望まれる。

したがって、システム内部監査を実施する際には、自社のシステムにおける流量制限の状況について検証し、適切な対応が実施されているかを確かめることが重要になる。

i 通信サーバー（HUB）

営業店端末や自動機と基幹系システムの間に通信サーバーやHUBを設置するシステム構成としている場合があるが、このようなシステム構成では、通信サーバーやHUBを新規更改した場合に不具合が潜在していると、基幹系システムと営業店端末や自動機間の電文が疎通せず、基幹系システムがハングアップしているようにみえることがある。

このような事象が発生した場合には、通信サーバーやHUBをいったん強制終了し再起動することで正常に動作することといったケースがみられる。

自社のシステムがこのようなシステム構成となっている場合には、通信サーバーやHUBの異常を監視システム等で検知できるような仕組みを導入し、異常を検知した場合の対応手順を整備しておく必要がある。

監視システム等で自動的に異常を検知する仕組みがない場合には、人間が異常を判断せざるをえないが、基幹系システム自体に異常がみられない場合には、ハングアップ状態が10分継続すれば、通信サーバーやHUBをいったん強制終了し再起動するといった基準をあらかじめ決めておかなければ、現場での臨機応変な対応はむずかしく、結果として長時間のハングアップにつながり、大きな障害となる可能性がある。

したがって、システム内部監査を実施する際には、自社の通信サーバーやHUBに起因するハングアップへの対応手順の整備状況を確かめることが重要になる。

j　インターネット接続

　一昔前のシステムには存在しなかった脅威として、インターネットを介しての不正侵入やウィルスへの感染の結果、システムから情報が漏えいしたり、データが改ざんされるといったことがある。

　これらへの対策としては、ファイアウォールやIPS（Intrusion Prevention System：侵入防止システム）の設置等が一般的となっている。

　一方で、そのセキュリティパラメータの設定が適切でない場合や、セキュリティパッチが適切に適用されていない場合には、外部からの不正侵入のリスクが高まる。

　また、Webアプリケーションのつくりやコーディングに問題がある場合にも外部からの不正侵入のリスクがある。

　しかしながら、システム内部監査担当者がネットワークの専門家でない場合、当該担当者がインターネット関連のセキュリティ確保について監査可能な項目は、ウィルス対策ソフトの導入状況やパターンテーブルの更新状況等に限定されてしまうのが一般的と考えられる。

　したがって、システム内部監査を実施する際には、上記の監査項目に加えて、システム部門が外部専門家による侵入テスト等による評価を受け、それに基づいて適切にフォローを実施しているかを確かめるということも有効なシステム内部監査の手段となる。

k　保守期限

　システムやネットワークの構成要素は、大きくハードウェアとソフトウェアに分けられる。

　保守期限についてはハードウェアだけでなく、ソフトウェアについてもベンダーのサポート・保守期限があることに留意しておかなければならない。

　また、サポートプログラム等はそれぞれの稼働には前提となるバージョン

のOSやミドルウェア等があるのが一般的であり、全体の整合性を保ちながら、ソフトウェアのレベルアップを図っていく必要がある。

したがって、システム内部監査を実施する際には、ハードウェアやソフトウェアの保守期限が管理されているか、ソフトウェアの保守（パッチの適用やバージョンアップ）に際してのテスト確認手順や変更承認手続が定められているかを確かめることが重要となる。

なお、ハードウェアやソフトウェアの変更に際しては不具合が発生した場合の業務への影響が大きいため、変更前の状態への戻し手順を作成し、検証しておくのが一般的である。実際に、ハードウェアやソフトウェアの更新に係るシステム内部監査を実施する場合には、戻し手順の作成・検証状況についても確かめる必要がある。

I　バックアップ・リカバリ

基盤系の役割の一つにシステムの障害や災害時に備え、バックアップを取得しておき、必要な場合に当該バックアップからシステムを復元できる仕組みを提供することがある。

なお、障害と災害に備えるバックアップについての基本的な考え方は同じだが、災害に備える場合には関連するすべてのソフトウェア、プログラム、データ等をバックアップする必要がある点で大きな違いがある。

(a)　障害に係るバックアップ・リカバリ

障害に備える場合にはバックアップを取得しておき、障害発生時には当該バックアップをリストアしてバックアップ取得時点まで復元し、それ以降については再入力あるいは再処理を行って障害発生時点までの復元を行うことが多いと思われる。

なお、最近では、ディスク自体がRAID（Redundant Arrays of Independent Disks）構造となり、さらにオンライン元帳等の重要なデータについては二重構造（正・副構造）とすることでディスク障害によりバックアップをリス

トアして復元するケースは非常に少なくなっていると考えられる。

したがって、システム内部監査を実施する際には、すべてのディスクについてバックアップの取得と復元見積時間を明確にしているか、またリストアにより復元できることを訓練等により検証していることを確かめる必要がある。さらには、障害発生時点までの復元について手順を明確にし、訓練等により検証しているかも確かめることが重要となる。

(b) **災害に係るバックアップ・リカバリ**

災害に備える場合には、災害発生以前の状態にどれだけ早く復旧できるかが最大の課題であり、関連システムも含めて、バックアップ対象業務で使用するすべてのリソースを取りそろえる必要がある。

従来は、毎日当該システムのデータのバックアップを媒体に取得して外部保管しておき、災害が発生した際には、当該媒体をバックアップサイトへ移送して前日のバックアップ時点を復元したうえで、バックアップ時点以降のデータについては、(ログが残っていなければ)取引伝票や外部センターの取扱記録等からの再入力等により復元するといった対応が一般的であった。

しかしながら、この対応では、復元したデータの網羅性や順序性の問題が生じる可能性があった。

最近ではバックアップセンターへ更新ログを伝送し、バックアップシステムに本番と同じデータをもたせる仕組みや、ディスク装置間でデータ伝送しバックアップセンターと同期をとる方式を採用している金融機関もある。このような方式の場合には、バックアップセンターでのデータ修復時間を短縮できるだけでなく、災害発生時点までの復旧についても従来方式と比較して格段に精度が高くなる(最終の同期タイミング以降には同じ問題が残るが該当する時間は短いと考えられる)。

したがって、システム内部監査を実施する際には、災害に備えた自社のバックアップ・リカバリの方式を把握し、すべてのリソース(データだけでなく、システムやプログラム、バッチ使用ファイル、マニュアルやオペレーショ

ン要員等）について、バックアップセンターへの参集や復元手順を明確に定め、訓練等によりバックアップセンターで稼働の実効性を検証しているかを確かめる必要がある。

なお、障害用であれ、災害用であれ、当該システムのバックアップ要否については、業務継続の必要性等の観点によりシステムごとに判断する必要があり、すべてのシステムについて必須のコントロールではないことに留意する必要がある。

m　オフサイト・バックアップシステム

従来は、オフサイト・バックアップシステムを保有していない金融機関も多数みられたが、近年、特に、銀行業態では共同センター化が進み、オフサイト・バックアップシステムの保有が進んでいる。

なお、バックアップサイトへの切替えに必要な時間はバックアップ方式により大きく異なり、数時間から4～5日程度となっている。

(a)　関連システムに係る事項

基幹系システムはバックアップシステムへ切り替えられるとしても、関連システムがバックアップ切替対象ではないため、預金等受入金融機関を例にすると、企業からの伝送データに基づく総給振や自振のバックアップシステムが存在しないケースもある。

また、システムの処理能力について、バックアップシステムのほうが本番システムに比し、劣後しているのでオンライン業務時間帯に制約がある場合もある。

したがって、システム内部監査を実施する際には、バックアップサイトへの切替判断後の業務開始までに要する時間を検証し、経営が自社のバックアップサイトにおける業務制約を明確に認識していることとともに、バックアップサイト運用における自社としての業務継続計画や対応マニュアルを整備し訓練しているかを確かめることが重要になる。

(b) バックアップサイトからの戻し手順に係る事項

　金融機関によっては、元のサイトの設備等が復旧した場合でも、バックアップサイトで稼働した後に元のサイトに戻すには、相当な期間を要する場合がある。

　したがって、システム内部監査を実施する際には、バックアップサイトから元のサイトへ戻す場合のシステム停止期間や制約等について整理し、対応方針を明確に定めていることを確かめる必要がある。

　さもなければ、長期停電等の際にバックアップシステムへ切替えを行ったものの、顧客サービスが低下したため、停電解消後に元のサイトに戻そうとしたが簡単には戻せないことがその時点で判明したといったことになりかねない。

　なお、元のサイトへの戻し手順について整備、訓練している金融機関は少数であると考えられ、また、業務上の制約がなければ元のサイトには戻さないという判断もありうるので、まずは、システム内部監査においてはバックアップサイトからの元のサイトへの戻し手順の整備状況について調査し、対応方針を明確にしていることを確かめることが現実的であると考えられる。

ポイント

- 基盤系システムを対象としてシステム内部監査を実施する場合には、システム構成、ネットワーク構成、自動運行ツール等、監査対象の概要・仕組みを把握することが重要
- 基盤系システムを対象としたシステム内部監査の場合、開発に使用していた基盤を本番として利用する場合のユーザIDの整備、ジョブネットワークの変更管理、システム制限値、流量制限等、見落としがちな観点があることに留意
- システム構成等基盤系の仕組みが複雑となっている近年では、想定がむずかしいリスク（基幹系システムに異常が発生しているが原因はHUBにあるといった場合等）があるため、システム内部監査では他社で発生した障害事例を活用することが有用

2 運用工程管理

(1) システム運用の目的

システム監査における運用工程管理の話に入る前に、まずシステム運用の目的を確認しておきたい。

「2」では、話をわかりやすくするために、システム運用での根本的な目的を「システムが安定稼働すること」に絞って話を進める。「システムの安定稼働」とひと言で表しているが、ここではシステム運用の立場から「可用性」「機密性」「完全性」について説明する。

(2) システム運用における「可用性」「機密性」「完全性」

a 可用性（Availability）

「可用性」とは、「利用したい時に、いつでもシステムが利用できること」と言い換えることができる。システムが停止せずにサービスを提供し続けること、要求された処理が定められた時間内に終了すること、等があげられる。

システム運用の領域において、この「可用性」が損なわれるリスクとして考えられる事象は何だろうか。下記事例を通じて説明する。

(a) オンライン処理とバッチ処理

システムの処理形態は、大別すると利用者の要求にリアルタイムで応える「オンライン処理」と夜間等の時間帯を利用して集中的に大量処理を行う「バッチ処理」に分類される。

(b) オンライン処理におけるリスク

「オンライン処理」で実行されるべき処理が実行されない、というリスク事象として、たとえば、次が考えられる。

① 業務処理（アプリケーション・プログラム）の不具合
　　前述のシステム開発工程での品質管理の取組みにより低減することは可能だが、現時点での技術では発生する可能性をゼロとすることはできない。
② 処理を実行するシステム機器・システムソフトウェア（CPU、メモリ、ディスク装置、オペレーティング・システムやデータベース管理システム等）の不具合
③ 処理の要求および処理結果を伝送するネットワークの不具合
④ 想定された処理件数・データ量を超える処理要求の発生
　　情報システムでの実際の処理状況が、あらかじめ想定した処理件数・データ量の範囲内で推移しているかを監視し、一定のレベル（閾（しきい）値として設定した値）に達した場合はシステム主管部署へすみやかに通知する等の手順を確立することにより、処理件数・データ量の増加による処理の遅延、あるいはシステム停止という最悪の事態を未然に回避することが可能である。特に外部からのアクセスを想定しているシステムの場合は、悪意ある外部からの不正な攻撃により、処理能力を超える処理要求が原因でシステムダウンするリスクもあるため、処理状況の監視の重要性は高いといえる。

上記②③のリスクについては、ハードウェア障害やネットワーク障害が発生する可能性をゼロとすることはできないが、機器やネットワーク回線の冗長化により、仮に1系統の機器／ネットワークが障害により停止した場合でも、他系統の機器／ネットワークが稼働し続けることにより可用性を確保することが可能となる。

また①～③に共通していえることは、発生した障害をすみやかに検知し

て、発生事象の内容に応じてあらかじめ定めた連絡・対応手順に従い対処することが、可用性の確保に有用であるということだ（詳細は後述の「6 システム障害管理・対策」を参照）。

(c) バッチ処理におけるリスク

「バッチ処理」で実行されるべき処理が実行されない、というリスク事象についても、前述(b)の①～④が該当するが、これに加えて、バッチ処理に特有の事象として、たとえば、次が考えられる。

⑤ 運用担当者によるオペレーション・ミスによる誤処理や不正な処理

「バッチ処理」は市販の自動運行ツール等を用いて、処理の自動実行、処理スケジュールの設定・変更、実行状況の監視、および障害発生時の再処理指示等を行うケースが多くみられる。この場合、処理の実行は自動運行ツールの制御により自動化されているため、定常的な処理については通常は人手を介さずに実行されている。このため、平常時はオペレーション・ミスが発生する可能性は低いといえる。

一方で、システム障害等により自動実行されている処理が中断した場合を想定して、障害発生の検知を起点としたシステム所管部署への連絡体制・連絡手順や、中断した処理からの再処理を行う場合の手順（該当処理を単純に再実行するのか、前の処理から再実行するのか、該当処理をスキップして後続処理を実行するのか等の復旧手順）等を整備していることが求められる。

また、前述(b)の④で想定した処理件数・データ量を超える処理要求の発生に関しては、オンライン処理や外部接続先等からのデータ件数の増加による処理の異常終了や、所定時間内に処理が完了しないといった事象が考えられるが、バッチ処理において許容される処理件数・データ量をあらかじめ把握し、取引形態の多様化等に伴い処理件数が急増するような場合に備えることが考えられる。

b 機密性（Confidentiality）

「機密性」は、「アクセスする権限のない者から情報システムを保護すること」と言い換えることができる。

システム運用の領域において、「機密性」が損なわれるリスクとして考えられる事象について、下記事例を通じて二つの観点（情報の破壊・改ざん、情報の漏えい）から説明する。

(a) **情報の破壊・改ざんリスク**

情報システムが保有する情報が破壊または改ざんされることにより、必要とする利用者が情報システム上で情報を利用できなくなるというリスク事象として、たとえば、次の事象が考えられる。

① 情報を保有する情報システムが物理的に破壊されること

このリスク低減のためには、情報システムが設置されているデータセンターやマシン室等への入退館（室）管理により、権限をもたない者による情報システムへの物理的なアクセスを制限することが考えられ、広く実施されている。近時では、生体認証等による入退館（室）管理の強化や、マシン室への共連れ防止策の強化等が行われている。また、コンソールと呼ばれるシステム運用管理装置については、後述する論理的なアクセス制限ができないため、操作に用いるキーボードを施錠するといった物理的なアクセス制限がなされている。

② 情報を保有する情報システム上で保有している情報が改ざん等により論理的に破壊されること

このリスク低減のためには、業務上情報システムへのアクセスが必要となる最低限の要員に、必要最低限のアクセス権限を付与することが考えられる。通常、アプリケーション・プログラムの処理ロジックや、データベースの内部構造等に関する知識をもつ開発者が情報システムの本番環境に常時アクセスできるということは高いリスクを伴う。このため、開発者に対して

は、常時利用可能な本番アクセス権限を付与せずに、必要となった場合のみ、運用担当者が申請に基づき一時的に付与するといった対応が考えられる。やむをえず、開発者に本番アクセス権限を常時付与せざるをえない場合には、本番アクセスの記録（ログ）と本番アクセスの根拠となる作業手順書等をもとに、第三者が事後的にモニタリングすることで補完することが考えられる。

(b) 情報の漏えいリスク

情報の漏えいリスクは、次の2段階の事象により構成される。

① 情報システム上で保有している情報が、権限をもたない者によりアクセスされること

このリスク低減のためには、前述「(a) 情報の破壊・改ざんリスク」の②であげたように、業務上情報システムへのアクセスが必要となる最低限の要員に、必要最低限のアクセス権限を付与することが考えられる。

② 不正にアクセスされた情報が情報システムより取り出され、外部に持ち出されること

このリスク低減のためには、外部記憶媒体による大量データ漏えいの抑止の観点から、システム的に端末での外部記憶媒体の使用（特に媒体への書出し）を制限するやり方や、あらかじめ許可された媒体のみ使用可能とする、媒体への書込み時にデータを暗号化する等の対応を、必要に応じて複数組み合わせて対応することが考えられる。なお、業務での必要性から外部記憶媒体の使用を禁止できない場合には、媒体の利用可能な端末を限定したうえで、媒体の管理者を設けて外部記憶媒体の管理を一元的に行い、業務で使用する際の媒体の貸出手順や不正なデータ持出しがされていないことの検証手順等を整備することが考えられる。

c 完全性（Integrity）

「完全性」は、「情報システムが正確で、かつ完全であり続けること」と表

すことができるが、前述の「可用性」「機密性」と比べてわかりづらいように思う。

より具体的には、情報システムにある値を「入力」した場合に、正しく「処理」されて、常に想定どおりの結果が「出力」され、その結果が完全な正しい状態で保持されること、ということができる。

システム運用の領域において、「完全性」が損なわれるリスクとして考えられる事象について、下記事例を通じて二つの観点（処理の正当性の毀損、情報の破壊・改ざん）から説明する。

(a) **処理の正当性の毀損リスク**

情報システムでの処理が正しく行われないリスク事象として、たとえば、次の事象が考えられる。

① 業務処理（アプリケーション・プログラム）が不正に改変されること

このリスクは、システム運用業務でのプログラム変更管理における、開発部門と運用部門との職務の分離による部分が大きいといえる。

通常、アプリケーション・プログラムの処理ロジックや、データベースの内部構造等に関する知識をもつ開発者が、自身で情報システムの本番環境で稼働するプログラムを変更できるということは高いリスクを伴う。このため、開発者とは別の運用担当者が本番環境のプログラム変更を行い、開発者単独での不正なプログラム変更ができないよう抑止することが重要となる。

しかしながら、組織・体制の制約上、開発者自身によるプログラム変更を行わざるをえない場合もある。この場合は、第三者がプログラム変更結果を事後的にモニタリングし、承認を受けていないプログラム変更が実施されていないことを確認することで補完することが考えられる。

② 業務処理が期待された処理を行う品質を備えていない状態で変更されること

このリスクは、開発工程管理における品質管理の観点から、正しく処理

が実施されることを検証するために必要とされるテストが十分に実施されていない場合が想定される。このリスクを低減するためには、開発工程において必要とされるテスト工程が適切に実施されているかを工程単位に検証（レビュー）し、品質管理の指標（開発規模に対応する、テスト項目の密度や、検出されるバグの密度等）に基づく品質評価を行うことが考えられる。

③ 承認されていない処理が不正に実行されること

このリスクは、①とも関連するが、プログラミングやデータベースの知識をもつ開発者が不正プログラム等により情報システムの本番環境で不正な処理を実行することが想定される。これに対しては、前述の機密性の項（「ｂ　機密性」の(a)）で触れたように、開発者に対して常時利用可能な本番アクセス権限を付与しないこと、付与せざるをえない場合には、本番アクセスの記録（ログ）または臨時処理の実行記録等と本番アクセスの根拠となる作業手順書等をもとに、第三者がプログラム変更結果を事後的にモニタリングし、承認を受けていないプログラム変更が実施されていないことを確認することで補完することが考えられる。

(b) **情報の破壊・改ざんリスク**

情報システムが保有する情報が破壊または改ざんされることにより、情報システムで処理され、出力された情報が完全な正しい状態を保てなくなるリスクである。こちらについては前述の機密性の項（「ｂ　機密性」の(a)）で触れてあるので、重ねての説明は割愛する。

> **ポイント**
> ●運用工程管理を対象としたシステム内部監査の場合、次の潜在リスクに対する予防・発見・回復コントロールの整備状況と残存リスクを評価することが重要
> 　○可用性
> 　　■ハードウェア・ソフトウェア・ネットワークにおける不具合
> 　　■業務量（処理件数やデータ量等）の増加に伴うシステムの処理能力不足

- ■ 運用担当者によるオペレーション・ミス
- ○ 機密性
  - ■ 物理的な不正アクセス
  - ■ 論理的な不正アクセス
- ○ 完全性
  - ■ 物理的な不正アクセス
  - ■ 論理的な不正アクセス
  - ■ 本番資産の品質上の問題
    （システム開発工程でのコントロールにより低減するリスク）

(3) 運用工程管理におけるシステム内部監査の観点

システム運用の目的と、システム運用に伴うリスクを整理したところで、システム内部監査における運用工程管理について、主にみるべき観点としてどのようなものがあるかを整理する。

a 運用部門の運営体制と要員の管理

(a) 運営体制と要員構成について

システム運用を外部委託するケースが増加しており、運用部門の運営体制およびその要員構成も多様化している。大別すると、次の形態に分類できる。

① 自社センター内の自社システムを自社要員で運用

自社運用については、自社保有のコンピュータ・センターに設置した自社システムを、自社（あるいはシステム運用子会社）の要員で運用する形態で、金融機関では従来から多くみられた。主要な統制が社内で完結するため、自社の目が行き届きやすい半面、自社で擁する要員の高齢化や、それに伴うスキル継承等の課題があげられる。

② 委託先センター内の自社システムの運用を外部委託

委託先センター内の自社システムの運用を外部委託するケースは、委託

先が提供するデータセンターに自社システムを設置し、委託先要員で運用する形態で、委託先が大手システムベンダーの場合に多くみられる。委託先の多くはシステム運用のノウハウをもつベンダーであるため、オペレーション業務の標準化や手順等の文書化は一定の水準で行われている。委託元として留意すべき点としては、委託元と委託先との作業分担を文書で明確に定義し、双方がお互いに管轄外と認識している業務がないようにするということである。また、委託先から運用状況、システム資源の利用状況、インシデント（サービスの中断またはサービス品質の低下につながる可能性のある事象）の発生状況等に関する定期的な報告を受けることに加えて、委託元による定期的な評価の一環として、委託先におけるシステム運用業務の実施状況を内部監査や外部監査等で確認することが考えられる。

③ 委託先の共同化システムを利用

共同化システムの利用は、近年増加してきている形態である。実際には、基幹業務に共同化システムを利用して、周辺システムは自社で保有・運用する形態もみられるため、自社によるシステム運用業務がある程度残る場合も多くみられる。この場合も、上記②と同様に、委託先におけるシステム運用業務の実施状況を定期的に確認することが委託元として求められている。

(b) **職務の分離**

「(2) b　機密性」「(2) c　完全性」の項でも触れたように、システム運用部門とシステム開発部門との職務の分離が重要なポイントになる。繰り返しになるが、アプリケーション・プログラムやデータベースの内部構造に関する知識をもつ開発者が、本番環境のプログラム変更や、データベースの更新操作を自ら単独で行うことができるリスクを、組織・体制面で低減することが職務の分離の主目的であるといえる。

(c) **運用部門における役割分担**

運用部門内における役割と分担について、自社要員のみならず派遣要員も

含めて明確に定義されている必要がある。自らが手を動かしてシステム・オペレーションを行うオペレーション担当者と、運用業務の管理を行う担当者とを分けることが考えられる。

また、前述の運営体制と要員構成（「a　運用部門の運営体制と要員の管理」の(a)）で例示したような、オペレーション業務を外部委託しているケースにおいても、委託元である自社で運用業務をまったく行わないわけではなく、委託先によるオペレーション業務の確認をはじめとする運用管理業務を行うことが考えられる。

　(d)　**要員管理**

要員管理で留意すべき点は、システム運用業務の品質を左右する要員の練度、モラールを維持・向上するための施策がどのように行われているかという点である。

システムは正常に稼働して当たり前、といわれる一方で、近年の情報システムの運用業務は新たな基盤技術の登場や、情報システムの新規追加・更改等の変化にさらされており、業務の難易度・複雑度は高まる傾向にある。

システム開発業務と比較して、相対的に受け身の業務であるシステム運用業務においては、要員のモチベーションやモラールの維持がむずかしいといわれている。運用部門が主体性をもってシステム運用業務の改善に取り組む姿勢が評価される枠組み・制度となっているか、という観点から要員管理をみることも有用であると考える。

上記のほか、通常システム運用部門の要員管理における観点として、次の2点があげられる。

① 　要員配置、勤務状況の管理

　　通常、システム・オペレーションを行うオペレーション担当者（オペレータ）はシフト制による交代勤務となっている。各勤務帯での勤務時間および要員数が、想定されている運用業務の量と質に対して適切であるかを確かめる。

② 要員に対する教育・訓練

　新たにシステム運用部門に配属された要員に対して、運用業務に必要とされる知識を習得するための教育・訓練の実施状況を確かめる。例として運用手順書の読込みによる業務知識の習得や、OJTによる訓練等があげられる。

(e) **主な閲覧資料**

　運用部門の運営体制と要員の管理状況を監査する際の閲覧資料として、次のようなものがあげられる。

① 組織規程
② 運用部門体制図
③ 職務分掌
④ シフト勤務表
⑤ 運用部門の文書一覧（規程・手続・マニュアル等の体系がわかるもの）
⑥ 教育計画・教育実施記録
⑦ 要員別スキル習得状況の一覧　等

b **システム運用標準と手続の整備**

(a) **システム運用の標準化・文書化**

　システムが安定稼働するために、運用担当者によるミス、または不正によりシステム運用業務が適切に行われないリスクを低減することが求められる。そのためには、属人的な知識・ノウハウに依存せずに適切に運用業務を実施するための標準的な手続・手順や、運用担当者による不正を抑止するためのルールの整備、およびこれらを運用担当者に周知・徹底するための教育・訓練の実施が考えられる。

　金融機関では特に顕著だが、システム運用業務においては、標準化・文書化は従来から比較的整備が進んでいる領域であるといえる。品質マネジメントシステムの導入や、運用業務のフロー、オペレーション指示書、作業手順

書といった各種文書類は一通り整備されているケースが多く見受けられる。

この領域で留意すべき点としては、上記のように整備されている運用業務の各種文書類が、システムの稼働環境を取りまく内外環境の変化に対応して見直されているか、ということである。

たとえば、当初は稼働環境にメインフレームを想定して作成された運用業務フローやオペレーション手順が、システムの稼働形態の変化により、現状とそぐわない状態となっているにもかかわらず、根本的な見直しをせずに使われ続けているようなケースが考えられる。

また、運用管理業務においても、近年はワークフローシステムの導入等による電子化・ペーパーレス化を進めているところもあり、従来の紙を中心とした運用業務のあり方も変化してきている。こういった背景もふまえて、システム運用業務の堅確性と効率性の両面から、継続的な見直しが実施されているかを確かめることも有用であると考えられる。

(b) **主な閲覧資料**

システム運用標準と手続の整備状況を監査する際の閲覧資料として、次のようなものがあげられる。

① 運用部門の文書一覧（規程・手続・マニュアル等の体系がわかるもの）
② 運用業務の規程・手続・マニュアル（改訂状況がわかるもの）　　等

c　システム運用管理

(a) **オペレーション管理**

システム運用におけるオペレーション管理業務として、スケジュール管理、作業管理、および、これらの業務の実施記録があげられる。

▶スケジュール管理

数多くの処理を正確に、限られた時間内で実行することが求められるバッチ処理においては、処理の正確性を高めるために自動運行ツールを使用してシステム運用を自動化している。自動運行ツールでは、個々の処理を「ジョ

ブ」という単位で管理し、これらの一連の「ジョブ」の集合体を「ジョブネットワーク」等の呼称で管理している。

　バッチ処理の起動（定刻起動、あるいは先行処理の終了や、外部からのファイル受信等を契機とした起動等）や、それぞれの「ジョブ」あるいは「ジョブネットワーク」間での依存関係（この処理を実行するためには、先行する別の処理が完了していなければならない前後関係）の設定を、この自動運行ツール上で行う。また、定常処理以外の臨時で実行する処理についても、依頼部門からの申請に基づき運用部門が処理を起動できるよう、臨時ジョブとして自動運行ツールに登録するケースがある。

　ここでいうスケジュール管理には、自動運行ツールでのスケジュール登録・変更における運用部門での管理手続、定常処理が正しく実行されているか（実行されるべき処理以外に実行されていないか）の確認手続、および臨時ジョブ実行時の手続等が含まれる。

　スケジュール登録・変更時の主な留意点としては、新規追加（または変更）される処理による後続処理への影響（処理時間の増加等）を考慮するような手続となっているかということがあげられる。たとえば、ある処理の入力データに別の先行処理での出力データを追加するようなケースにおいて、先行処理の遅延等による影響や、該当処理の処理時間への影響、および後続処理への影響について考慮されているかがポイントとなる。

　また、開発と運用の職務分離を図るため、通常はスケジュール登録・変更は、運用部門の要員のみが行えるよう制限するべきである。このため、自動運行ツール上での更新権限が運用部門の要員にのみ付与されているかを確認することも有用である。

▶作業管理

　情報システムの本番環境における作業管理の領域においては、作業の手続・手順をあらかじめ文書化・定型化し、運用担当者が実施すべき作業（実施すべきでない作業）を明確にすることで、ミスによる誤処理や不正処理

を防ぐことができる。

　作業管理での主な留意点としては、運用担当者による作業が、運用管理者により承認された手続・手順に基づき実施されていること、作業の実施結果が運用管理者により確認・承認されていることがあげられる。

　また、障害対応等により、開発者が臨時で本番環境の作業を行う必要が生じた場合における手続（運用部門による本番環境のユーザID貸与、本番作業の立会い、および作業結果の確認等）が定められていることも確認ポイントとしてあげられる。

▶運用業務の実施記録

　システム運用業務に関する実施記録として、下記の記録の取得・保存がされているかがチェックの観点となる。

① 情報システムのログ（実行ジョブ名、プログラム名、ジョブの開始・終了時刻、障害等の発生状況や構成変更等の記録）を、一定期間保存しており、必要に応じて分析しているか。

② 処理実行結果の報告や、運用日誌等のオペレーションの記録は、管理者による確認・承認を経た後、一定期間保管しているか。特に、臨時処理等の異例処理は別管理にする等、特別な管理を行っているか。

③ システムログ等の電子的な記録が削除、改ざんされないように保護しているか。

④ 情報システムの資源（CPU、メモリ、ディスク、ネットワーク等）の使用状況、業務処理の実績に関する報告書を定期的に作成し（外部委託先が作成する場合は、委託先より報告を受け）、運用管理者が確認しているか。

⑤ 発生したインシデント（サービスの中断またはサービス品質の低下につながる可能性のある事象）は、すべて記録しており、原因、処置（暫定対応、恒久対応）を含めて報告され、運用管理者が確認しているか。

⑥ 発生したインシデントについて、対応状況の定期的なモニタリングや、発生原因に関する調査・分析および再発防止策を検討し、運用管理者に報

告しているか。

▶主な閲覧資料

運用業務の実施記録の整備状況を監査する際の閲覧資料として、次のようなものがあげられる。

① 運用部門体制図
② 職務分掌
③ スケジュール登録・変更手続
④ 臨時ジョブ実行手続
⑤ 処理結果確認手続
⑥ 運用管理ツールのユーザID一覧（更新権限の付与者がわかるもの）
⑦ 運用部門の文書一覧
⑧ 運用業務の規程・手続・マニュアル（システム・オペレーション、インシデント管理等）
⑨ インシデント一覧
⑩ インシデント対応状況のフォローアップ会議資料
⑪ システム運用状況報告書　等

(b)　稼働状況の監視

システム運用における稼働状況の監視として、主に次の三つがあげられる。

① 情報システム上の業務処理の稼働状況の監視
② ネットワークの監視
③ 情報システムが稼働するハードウェア（サーバー、ディスク装置等の機器）の死活監視、およびCPU、メモリ、ディスク等のリソース（システム資源）の使用状況の監視

これらの監視により、情報システムの稼働状況が、設計時に想定された性能・キャパシティ要件の範囲内で推移していることをモニタリングし、処理件数やデータ量の増加によってリソースが逼迫して、処理の遅延やシステム

の停止等の事態が発生する兆候を早期に発見することが可能となる。

　①~③のいずれについても、異常の発生をすみやかに検知し、システム主管部署へ連携するための連絡体制・連絡手順が整備されているかが重要なポイントとなる。異常の兆候を検知するために、リソースの使用率等の閾値を設定し、警戒水準に達した場合は運用担当者へ警告する仕組みが運用管理ツールの機能として提供されている。

　また、情報システムの稼働環境の変化に対応して、インシデントの発生時に情報システムより通知されるメッセージの追加等がシステム主管部門より運用部門に連携されているか、取引件数やデータ量の変化に応じて、監視における閾値の設定が見直されているか、等がポイントになる。

　稼働状況の監視状況を監査する際の閲覧資料として、次のようなものがあげられる。

① 運用部門体制図
② 障害時の連絡網
③ 運用業務の規程・手続・マニュアル（システム稼働監視、インシデント管理等）
④ 監視対象システム資源の一覧
⑤ システム運用状況報告書
⑥ 基本設計書（性能・キャパシティ要件）
⑦ 運用計画書（監視における閾値の設定、検知したメッセージへの対応方法）等

　(c) **ファイル管理、データ管理、バックアップ**

　情報システムの入出力処理やバックアップ処理で使用する記録媒体の管理における主なポイントは、次のとおりである。

① ファイル保管場所への入退室管理
② 入出庫管理体制（特定の担当者（ライブラリアン）による管理）
③ ファイル入出庫の記録（入出庫記録簿）

④ ファイル管理台帳による有高の管理、定期的なファイルの棚卸（現物とファイル管理台帳との突合）
⑤ 本番データの貸出手続（貸出の事前承認、顧客情報等の機密データのマスキング手続、使用後のデータ消去と報告　等）
⑥ 外部へのファイル持出時の管理（授受簿等に基づく記録、返却期限の管理等）
⑦ 重要ファイルの世代管理（プログラム、データベース、システム構成情報等）と隔地保管
⑧ ファイル廃棄手続（廃棄時のデータ消去　等）
⑨ ファイル保管に関する外部委託管理（保管施設の安全性、ファイルの保管状況の確認）

　ファイル管理、データ管理、バックアップ状況を監査する際の閲覧資料として、次のようなものがあげられる。
① ファイル取扱規程
② ファイル入出庫記録簿
③ ファイル入出庫依頼管理簿
④ ファイル貸出申請書
⑤ ファイル管理台帳
⑥ 棚卸実施記録
⑦ 外部業者との契約書
⑧ 外部業者による廃棄証明書　等

(d) **機器管理**

　情報システムの機器管理における主なポイントは、次のとおりである。
① 機器管理の手続と管理体制
② 重要な機器の管理台帳、および機器設置図、ネットワーク構成図、外部回線接続図等の整備
③ ハードウェアの構成変更手続（作業申請書等による事前承認、作業立会

い、作業結果報告書等に基づく作業結果確認、作業時のパスワード貸与・作業後のパスワード変更　等）
④　機器構成定義の生成・変更作業の手続
⑤　機器の保守契約の締結（修理サービス、予防保守、保守実施状況の報告　等）
⑥　保守作業内容・結果の点検
⑦　予防保守の計画（実施頻度の設定）と実施記録
⑧　機器障害の記録と、障害原因の分析、対応策の策定
⑨　保守契約の定期的な見直し

情報システムの機器管理状況を監査する際の閲覧資料として、次のようなものがあげられる。
①　機器管理手続
②　機器管理台帳
③　機器設置図
④　ネットワーク構成図
⑤　機器使用者一覧
⑥　保守契約書
⑦　保守実施記録　等

(e)　**障害管理**

ここでは、システム運用における障害管理について触れたいと思う。運用業務における障害管理は、大きく障害発生時の検知〜対処、発生した障害の原因究明・再発防止策の策定の二つに分類することができる。

▶障害発生時の検知〜対処

システム障害には、大別するとシステム利用部門により検知される障害と、システム運用部門により検知される障害に分類される。ここでは後者について触れる。

本番環境で稼働しているシステムで異常が発生した場合、通常は運用監視

を行う運用管理ツール上で異常が検知され、運用担当者（オペレータ）によりあらかじめ定められた対応手続・手順に基づき対処される。運用監視で検知されたインシデント（サービスの中断またはサービス品質の低下につながる可能性のある事象）については、対応手順があらかじめ決まっていて運用部門内で対応が完結する事象（たとえば、特定のメッセージが出た場合に何もせず静観する、あるいは定められた手順に従い定型的な操作をする、等）と、システム主管部署へ連絡し、主管部署からの指示に基づき、処理の再実行やスキップ等の操作を運用担当者が行う場合とがある（前述の「(b) 稼働状況の監視」と関連）。

▶発生した障害の原因究明・再発防止策の策定

　上記「障害発生時」で検知・対処されたインシデントのうち、発生原因がシステム運用業務における不備によるシステム障害であった場合、その障害が発生した直接的な原因はもとより、障害の発生を招くことになった背景についても原因究明の一環として調査することが考えられる。仮にオペレーション・ミスが原因である場合でも、ミスをしたこと自体を追及するだけではなく、「オペレーション手続・手順がミスを引き起こしやすい内容ではなかったか」「手続・手順自体に誤りや不備が内包されていなかったか」「手続・手順が教育・訓練により徹底され、要員の習熟が図られていたか」等の観点から深度ある原因究明が行われているかをシステム内部監査で確認することが有用であると考える。

　また、上記で原因究明が行われた事象について、暫定的な対処内容だけではなく、再発を防止するための恒久的な対応策が検討されていること、定期的なフォローアップにより、対応未済となっている障害が長期間残存しないようチェックされていること等もシステム内部監査における確認項目として有用であると考える。

　障害管理の状況を監査する際の閲覧資料として、次のようなものがあげられる。

① 障害対応手続・手順
② 障害発生時の連絡体制表
③ 運用手順書(障害の検知～対処に関する手順を記載したもの)
④ 運用部門におけるシステム障害一覧(発生障害への対応状況がわかるもの)
⑤ 対応未済の障害のフォローアップ会議資料
⑥ システム運用品質向上のための活動内容がわかる資料　等

ポイント

●運用工程管理を対象としたシステム内部監査では、システム運用工程における潜在リスクに対するコントロールの整備状況を、次のような観点で調査することが重要
　○運用部門の役割を明確にしているか
　○運用部門と開発部門の職務を分離しているか
　○運用部門として必要な教育・研修を実施しているか
　○運用部門の業務量に応じた要員数を確保しているか
　○運用業務の作業手順は標準化しているか
　○運用業務の作業手順(作業内容、作業順序、作業時間、想定外の事態が発生した場合の連絡先等)は文書化し明確にしているか
　○運用業務の作業結果は記録・保存しているか。また、必要に応じて管理者が検証しているか
　○顧客情報へアクセスするような重要な運用業務は必ず2名体制で行う等、不正や操作ミスを防止する施策を講じているか

3 システムリスク統括管理

　金融機関では、多くのシステムを保有、運営、あるいは利用しており、そこには多かれ少なかれ、なんらかのシステムリスクが存在する。システムリスクは、システムの構成、業務の特性、組織体制等によってさまざまであ

り、各金融機関は自社で保有・運営・利用する多数のシステムに係るさまざまなリスクを統括的に管理する必要があると考えられる。

システムリスクの統括管理を行う部門は、システムを保有・運営・利用する各部門に対して、システムリスク評価・管理のフレームワークの提供、システムリスクに関する教育・啓蒙活動を行う一方、各部門が実施するシステムリスク管理の活動状況を取りまとめて、経営に報告する役割を担う。

「3」では、システムリスク統括管理に係る事項について、まずはじめに、その主要な活動である「システムリスク管理方針・規程類の整備」および「システムリスク評価」に絞って説明し、その後で、この領域におけるシステム監査上のポイントを整理したい。

(1) システムリスク管理方針・規程類の整備

システムを保有・運営・利用している各部門が、適切なシステムリスク管理を行うためには、「システムリスク管理の基本方針」「システムリスク管理規程」「システムリスク評価要領」といった、システムリスク管理に関する方針・規程・基準・要領等の整備が必要であると考えられる。

これら規程類の整備にあたっては、次の六つの観点について考慮することが肝要である。

① 準拠性……「金融検査マニュアル」や「金融分野における個人情報保護に関するガイドライン」等、当局により公表されている外部基準への準拠性を考慮する必要がある。
② 網羅性……業務運営上、必要な領域が規程類各所に網羅的に規定(記載)されている必要がある。
③ 実現可能性……あるべき論に基づく規定項目を列挙するだけでなく、実態をふまえ実現可能性がある記載となっている必要がある。
④ 整合性……各種規程間において、規定する内容・項目について、整合性が確保されている必要がある。

⑤ 利便性……各種規程・要領等の利用者にとって、わかりやすく、かつ利用しやすい記載形式となっている必要がある。
⑥ 保守容易性……複雑な体系、形式とせず、新たな項目の追加や削除を行う場合、見直しを行いやすい記載となっている必要がある。

また、これらの規程類を実効性のあるものにするには、上記の考慮に加えて、「どのようなルール・ガイドラインが存在するのか」「どのルールを守らなければならないのか」「それらはどこに（どの規程に）記載されているのか」を情報システムにかかわる各部門が迅速に、かつわかりやすく把握できるようになっていなければならない。

したがって、類似した規程が多くあり規程体系が複雑な場合には、規程類の一覧表や規程体系図（上位規程・下位規程の関係性を明示したもの）を整備する等、自社全体のシステムリスク管理関連規程を鳥瞰できるような工夫も有用である。なお、これらの規程類は、社内のイントラネット上や共有ファイルサーバー等に最新版を保存（掲示）し、情報システムにかかわる各部門の担当者が、必要に応じて常に最新版を参照できる環境（仕組み）を整備しておくことも肝要である。

システムリスク管理の方針・規程類は、策定した時点において効果的な内容になっていても、社内事情（組織改正、システム構成の変更等）や外部環境の変化（社会情勢の変化、法改正、技術革新等）に応じて現状にそぐわなくなることがある。必要に応じて見直しを行い、経営の承認を得ること、また変更点について関係者に通知し、重要な事項については説明会を開催する等、周知徹底を図ることが必要である。このような役割・責任を明確にし、各種規程類を適切に維持・管理していくためには、各規程の所管部門を明確にしておくことが肝要である。

(2) システムリスク評価

a　システムリスク評価の目的

　金融機関にとって情報システムは、業務運営上必要不可欠なものとなっており、システムダウンや情報漏えい等のリスクが顕在化した場合には、顧客や業務に多大な影響を及ぼす可能性がある。
　システムリスク評価の目的は、こうした状況を発生させないために、各システムに内在するリスクを識別し、当該リスクに対する適切な対策（予防／発見／回復）を検討し、必要に応じて導入することである。

b　システムリスク評価の方法

　システムリスクの評価にはさまざまな方法があるが、次の五つのステップに分けて実施する方法が考えられる。ここでは、それぞれのステップにおける実施方法の具体的な事例を紹介する。

(a)　システムの棚卸

　システムリスクを識別するためには、その前段階としてリスクが発生する可能性がある箇所（つまり、システム）を洗い出す必要がある。金融機関では、保有・運営・利用しているシステムをシステムリスク統括管理部門が管理台帳等に一覧化して取りまとめているケースが一般的だが、まれに各部門が独自にシステムを導入・利用し、そのことをシステムリスク統括管理部門が認識していないといった好ましくない事例も見受けられる。システムの棚卸段階でもれがあると、対策を講じるべきシステムリスクが看過されてしまう可能性があるため留意する必要がある。
　システムリスク統括管理部門は、必要に応じて各部門へのヒアリングや現場視察を行い、勘定系システム、情報系システム、社内のメールシステム、周辺のサブシステム（各部門が所管するEUCシステムを含む）、ASPサービス

の利用等、保有・運営・利用するすべてのシステムを網羅的に洗い出すことが重要である。

   (b) **重要度評価**

　このステップでは、障害発生時の影響度合いや取引量等を加味して、各システムの重要度を評価する。重要度評価にはいくつかの方法が考えられるが、ここでは定性的な評価方法と定量的な評価方法の二つを紹介する。

① 定性的な評価方法（簡易的な重要度評価）

　この方法では、まずはじめに「(a)　システムの棚卸」ステップで洗い出されたシステムを対象として、システムを保有・運営・利用する拠点やシステム構成（ネットワーク構成を含む）の把握・整理を行う。

　こうして、各システムの特性や各拠点における業務への影響度等を考慮したうえで、各システムの重要度を定性的に評価する。

　たとえば、「第3章2(1)a　システムリスクの識別」に記載したように、機密性・可用性・完全性の観点で重要度を分類することで、自社のシステムリスクの全体概要を簡易的に把握することが可能である。

　なお、上記の拠点・システム構成の把握・整理や定性的な評価にあたっては、関連資料（システム構成図、ネットワーク構成図、システム概要書等）の閲覧のほか、必要に応じて関連する各部門へのアンケートやヒアリングを実施することも有用である。

② 定量的な評価方法

　次に紹介する方法は、まずはじめに障害時の影響範囲や保有するデータといった基礎となる「影響度判定項目」を策定し、それぞれの判定項目について重みづけ（大・中・小）を行うことで、各システムの重要度を評価する方法である。

　「影響度判定項目」の例としては、次のような項目が考えられる。

　ⅰ　障害時影響範囲
　ⅱ　保有するデータの質と量

iii　復旧許容時間
　　iv　1時間当りのオンラインピーク時処理件数
　　v　1件当りの平均処理金額
　　vi　外部接続先　等

「影響度判定項目」を策定したら、次に各判定項目の影響度を定義し、重みづけ（大・中・小）を行う（図表4－2参照）。

そのうえで、対象システムごとに判定項目の影響度を判定し、合計点数を集計してシステムごとの重要度を評価する（図表4－3参照）。

図表4－2　「影響度判定項目」の重みづけのイメージ

影響度	障害の影響範囲	保有するデータ	……
大	顧客への影響がある場合と社内ユーザ数〇〇人以上の場合	顧客の個人情報、財務情報、重要な経営情報を含むデータ	……
中	社内ユーザ数〇〇人未満の場合	顧客の取引情報を含むデータ	
小	部門内の影響の場合	上記以外のデータ	……

判定項目（例）
- ✓障害の影響範囲
- ✓保有するデータの質と量
- ✓復旧許容時間
- ✓1件当りの平均処理金額
- ✓1時間当りのオンラインピーク時処理件数
- ✓外部接続先

図表4－3　定量的評価方法による重要度評価のイメージ

システム名	障害の影響範囲	保有するデータ	復旧許容時間	平均処理金額	ピーク時処理件数	外部接続先	合計点数	重要度評価
Aシステム	3	3	3	3	3	3	18	最重要
Bシステム	2	3	2	3	2	2	14	重要
Cシステム	1	1	1	1	3	2	9	一般
……	……	……	……	……	……	……	……	……

各項目の影響度（例）
- ✓大：3点
- ✓中：2点
- ✓小：1点

重要度評価（例）
- ✓15点以上：最重要
- ✓10～14点：重要
- ✓9点以下：一般

(c) 脆弱性評価

　脆弱性評価においては、まず対象システムに対してどのような脅威があるかを検討する。脅威には、災害などの環境的脅威やハードウェア障害などの偶発的脅威が考えられ、たとえば、図表4－4のように整理することができる。

　次に、こうした脅威が発生した場合の影響や脆弱性を識別する。図表4－5は、脅威に対する脆弱性識別の例である。

　次に、識別した脆弱性に対し、遵守すべき統制項目（実施すべき対策）を明確化する。そのうえで、たとえば図表4－6のようなワークシートを作成し、遵守すべき統制項目の実際の遵守状況（対策の実施状況）を対象システ

図表4－4　脅威の整理例

脅威の種類	脅威の内容
環境的脅威	地震、台風、火災、電力異常
偶発的脅威	ハードウェア障害、ソフトウェア障害、回線障害、操作ミス、入力ミス、施錠ミス
意図的かつ物理的脅威	盗難、施設の破壊、テロ
意図的かつ物理的でない脅威	詐欺、不正アクセス、不正持出し

図表4－5　脅威に対する脆弱性識別の例

脅　威	脆弱性	顕在化するリスク
地震	バックアップの隔地保管の不備	システム復旧不可能
ハードウェア障害	ハードウェアの予備機未設置、バックアップ媒体の欠如	システム停止、システム復旧不可能
不正アクセス	ログ管理の欠如、ID・パスワードの管理不備、アクセス管理の不備	情報漏えい・改ざん、不正コピー
ソフトウェア障害	変更管理プロセスの欠如	システム停止
……	……	……

ムごとに評価する。

その際、本章「3(2)b(b) 重要度評価」にて評価した、システムの重要度

図表4－6 「脆弱性評価」のワークシートのイメージ

基準番号	大分類	中分類	統制項目の目的内容説明（遵守すべき基準）	確認事項	遵守の原則 最重要	重要	一般	評価結果（対策の状況）	残存リスク
1	運用	データファイル管理	重要なデータファイルの破損、障害の対応のため、バックアップを取得し、管理方法を明確にすること	1 重要なデータファイルが洗い出されていること 2 バックアップを取得していること 3 バックアップ管理方法では、以下の点を明確にすること (1) 適切な世代管理レベル（二世代前、三世代前等）を設定すること (2) 回復に要する時間およびその間の影響を考慮して、取得サイクルを定めておくこと (3) バックアップが正常に取得できていることを確認すること	○	○			
2	運用	アクセス権限の管理	無資格者によるアクセスを防止するため、コンピュータシステムと、システムの運用上および業務上重要なファイルは、アクセス権限所有者を特定すること	1 アクセス権限所有者を特定すること 2 アクセス権限所有者を必要最小限に限定すること	○	○	○		
…	…	…	…	…					

やリスクカテゴリー（機密性／可用性／完全性）について考慮することも有用である。

仮に、統制項目の実際の遵守状況を次の基準に基づき、評価したとする。
［遵守状況の評価基準例］

○：適切な対策が講じられている
△：一部対策が講じられているが、改善の余地がある
×：まったく対策が講じられていない

たとえば、ある二つのシステムがともに「バックアップシステム起動まで3時間を要する」とする。この場合、1日停止しても業務に影響がないシステムであれば、"○"と評価するが、きわめて高い可用性が求められるシステムであれば、"△"と評価することが適切であると考えられる。

同様に、「暗号化を行っていない」システムがあったとする。保有する情報によりシステムに求められる機密性が異なるため、個人情報や重要な社内情報を保持しているシステムでは、"×"と評価するが、重要な情報を保有していない、かつスタンドアロンのパソコンで利用するようなシステムでは、評価対象外（遵守すべき統制項目の対象外）もしくは"△"と評価することが適切であると考えられる。

このように、単にリスクとシステムの現状を比較したGAP分析ではなく、各システムがどの観点から重要度が高いのか、重要度評価の結果を加味することで、各システムの特性に応じた、より精緻なリスク評価を行うことが可能となる。

　(d)　リスク対策の検討・実施

ここまでのステップにおいて、各システムの特性に応じたリスク評価の結果、"×"および"△"と評価された事項について、改善対応の優先順位を検討する。

ここで、改善対応の優先順位を定性的に検討してもいいのだが、統制項目

図表4－7　対策検討のための分析例

システム名	基準1	基準2	基準3	基準4	基準5	基準6	基準7	基準8	・	・	・	・	・	未対応点数
Aシステム						×								2
Bシステム		×	△	×		×	×	×			×	△		14
Cシステム							×							2
・				×		△	×							5
・						×						×		4
・						×								2
・		×				×				×				6
Xシステム						△	×							3
Yシステム			×		×	×								6
Zシステム	×					×								4

未対応点数（例）
✓×：2点
✓△：1点

（基準6の列）全社的に脆弱性の高い項目
（Bシステムの行）脆弱性の高いシステム

別のリスク評価結果（未対応項目）を集計することにより、図表4－7のような特徴を見出せる場合がある。

① ある項目は、多くのシステムで"×"と評価されている（図表4－7の例では「基準6」）。

② あるシステムでは、多くの項目で"×"と評価されている（図表4－7の例では「Bシステム」）。

①は、たとえば、各システムのサーバーが集約して置かれている拠点の物理的アクセス管理やウィルス対策等、複数のシステムに共通する項目であると考えられ、全社的な対応を検討する必要がある。

一方、②は、たとえば、導入当初から品質が低い、もしくは旧来のシステムが長年未改のまま利用され、時代遅れとなっている等の理由により、特定のシステムが現在の金融機関に求められる要件や社会的要請を満たせなく

なっているような状況が考えられる。このような場合は、該当する個別システムに対する改善対応を検討する必要がある。

なお、図表4－7の例では、未対応項目を点数化し（×：2点、△：1点）、それを積み上げて評価しているが（絶対値による評価）、次のような方法（考え方）を取り入れることにより、改善対応の優先順位をより精緻に検討することも可能である。各金融機関は、自社のシステムの特性、システムリスク管理態勢の成熟度、システムリスク評価を行う要員の体力等を勘案し、自社に適した方法でシステムリスク評価・対策の検討を行うことが肝要である。

【リスク評価・対策検討に取り入れる方法の例】

① 遵守すべき統制項目に対して、対応できている項目の割合で（絶対値ではなく）、残存リスク量を評価する（残存リスク量＝対応できている項目／遵守すべき統制項目）。

② 遵守すべき統制項目の重要度（リスクに対する措置としての効果の大きさを考慮）に応じて、重みづけを行う。

③ システムの重要度に応じて、リスク評価方法を使い分ける（重要度の高いシステムについては、精緻なリスク評価方法を採用）。

なお、システムリスク評価、対応策および優先順位の検討は、各システムの所管部門が実施し、その結果については、システムリスク統括管理部門による妥当性検証を経て、経営へ報告するのが一般的である。

(e) モニタリング

既述のとおり、システムごとのリスク評価により把握した残存リスクと当該リスクに対する対応策については、経営へ報告するのが一般的である。経営は、残存リスクに対する対応策の妥当性、さらには、システムリスク評価を実施する体制・手法の妥当性についても評価する。

システムリスク評価は、定期的（一般的には、年1回程度）に実施するのに加え、システム更改のタイミングや、自社および他社で発生した事件・事

故等リスクに関する内外の大きな環境変化があった場合に実施することが適切であると考えられる。

また、システムリスク管理態勢の改善・高度化を図るうえでは、システムリスク統括管理部門（および経営）が、残存リスクに対する対応策の実施状況について、継続的にモニタリングを実施することが肝要である。

(3) システムリスク統括管理におけるシステム監査の観点

「3⑴⑵」では、システムリスク統括管理の主要な活動である「システムリスク管理方針・規程類の整備」および「システムリスク評価」の具体的な実施方法や留意事項について説明した。それでは、この領域においてシステム監査を実施する際には、どのような観点でみたらよいだろうか。

「⑶」では、システムリスク統括管理の領域における、システム監査上のポイントについて整理する。

システム監査において、まずはじめにみるべき観点としては、システムリスク統括管理部門が、次のような役割をしっかりと果たし、システムリスク統括管理の活動が機能しているかどうかという点であると考えられる。

① システムリスク管理方針・規程類を整備し（下位の要領等は、所管する各部門に整備させ、整備状況・結果を確認することでも可）、それを遵守すべき各部門へ周知・徹底していること
② 上記の規程類は、定期的な見直しおよび内外の環境変化（組織改正、システム構成の変更、技術革新等）があった場合には適宜見直しを行っていること（もしくは、各規程類の所管部門に見直しさせ、見直し状況・結果を確認していること）
③ 規程類の見直しに伴う重要な変更点については、関係各部へ周知・徹底していること（また、必要に応じて、経営へ付議していること）
④ システムリスク評価のフレームワーク（手続や評価方法）を整備・提供

し、各システムの所管部門にシステムリスク評価を実施させ、その結果を取りまとめ妥当性検証を行ったうえで、経営へ報告していること
⑤　システムリスク評価の結果、把握された残存リスクへの対応策を検討し（もしくはシステム所管部門に検討させ、検討結果の妥当性を検証する）、経営へ報告していること
⑥　残存リスクへの対応策の実施状況について、継続的にモニタリングを実施し、システムリスク評価、対応策検討・実施のPDCAサイクルを回していること

なお、金融機関の規模や特性によっては、システムリスク統括管理部門を独立した組織として設置していないケースもあると思うが（たとえば、システム以外の他のリスク管理部門と統合した一つのリスク管理部門を設置しているケースやシステム部門（システム開発部門）が兼務しているケースが考えられる）、その場合にも、機能的な側面からみて、実態としてシステムリスク統括管理の機能を備えているか、また実際に有効に機能しているかを確かめることが肝要である。

次に、システムリスク統括管理の個々の機能の有効性を詳細にみる場合のポイントについて整理する。主要な機能である「システムリスク管理方針・規程類の整備」および「システムリスク評価」におけるシステム監査上のポイントをまとめると、次のとおりである。

a　システムリスク管理方針・規程類の整備

①　規程類の整備にあたっては、「準拠性」「網羅性」「実現可能性」「整合性」「利便性」「保守容易性」について考慮しているか。
②　規程一覧表や規程体系図を整備する等、規程類について定期的な見直しの対象からもれないような工夫をしているか。
③　規程類は、関係各部の担当者が常に最新版を参照できるようになっているか。

b　システムリスク評価

① システムの棚卸に漏れがあり、特段の理由もなく、システムリスク評価の対象から漏れているシステムはないか（特に、サブシステムやASPサービス利用のシステム）。

② システムの重要度評価を定期的に実施しているか（たとえば、一度しかシステムの重要度評価を実施していないため、その後の環境変化に伴う重要度の変更が反映されず、システムリスク評価が適切に実施されていないようなことはないか）。

③ システムリスク評価の方法は、自社の実態に照らして適切な方法となっているか（たとえば、次のような観点がみるべきポイントとして考えられる）。

> i　システムリスク評価における作業負荷が、システムの重要度に見合う適正なものとなるよう、実効性を考慮して評価方法が設定されているか。
> ii　システムリスク評価は、必要に応じて、システムの重要度、脆弱性の度合い、統制項目の重要度を加味する等、残存リスクの度合いを把握できるような方法となっているか。
> iii　改善対応の検討・実施にあたっては、上記で把握した残存リスクの度合いをふまえ、優先順位を考慮しているか。

なお、システムリスク評価結果の妥当性を検証する方法として、内部監査部門にてシステムリスクの簡易評価を行い、その簡易評価結果とシステムリスク統括管理部門にて取りまとめたリスク評価結果とのGAP分析を行う方法も考えられる。

また、内部監査部門は監査計画策定時に、監査対象領域およびテーマの優先順位づけを行うにあたって、システムリスク統括管理部門にて取りまとめ

たシステムリスク評価結果を利用することも有用である。

> **ポイント**
> ●システムリスク統括管理を対象としたシステム内部監査では、次のような観点での調査が重要
>   ○システムリスク管理方針・規程類の整備状況・周知状況
>   ○システムリスク評価の実施状況
>   ■対象システムの網羅性
>   ■定期的なシステムリスク評価の実施状況
>   ■システムリスク評価結果の改善事項への対応状況
>   ■システムリスク評価手法の実効性

4 情報セキュリティ管理

　顧客の個人情報・法人情報を多数保有しているという金融機関の特性から、情報漏えい事件が発生した場合の金融機関の経営への影響は非常に大きなものとなる。このため、適切な情報セキュリティ管理の仕組みを構築することは、金融機関における経営課題の一つといえる。

　情報セキュリティ管理の仕組みが有効に機能するためには、IT（情報技術）の視点、IT運用の視点、もしくはこれらを組み合わせた視点から考えなくてはならない。

　したがって、「4」では、情報セキュリティ管理をITの視点とIT運用の視点から説明する。

(1) ITの視点

　情報セキュリティ管理には多くのITが利用されている。たとえば、不正アクセスを防ぐためのアクセス権限管理や、データやプログラムの変更のモ

ニタリング等が該当する。

　ITを利用したさまざまなセキュリティ対策があるが、これらは論理セキュリティ対策と物理セキュリティ対策に分類することができる。論理セキュリティ対策とはソフトウェア等を用いることにより、物理的に人が近づかなくても発生するような脅威から情報資産を守る方法であり、また物理的に接触を許す環境でも利用権限のない人から情報資産を守る方法でもある。

　一方で、物理セキュリティ対策とは情報資産のある建物や部屋に利用許可をもたない人を近づけない方法や、自然災害や事故から情報資産を守る方法を指す。

a　論理セキュリティ対策

　通常、多くの金融機関では、不正アクセスや外部ネットワークからの不正侵入、データやプログラムの改ざん等の論理セキュリティ対策を整備、運用しているが、これらに係るシステム内部監査においては、次のような観点での監査を行う。

(a)　**本人確認**

　各情報資産の不正使用や情報漏えいを防ぐための基礎的なセキュリティ対策として、利用者やシステムが、正当な権限を与えられたものかどうかを識別（本人確認）するセキュリティ対策である。

　本人確認の技術としては、たとえば、次のようなものがある。

① 　ユーザIDとパスワードを入力することにより確認する。
② 　事前の申請により交付された磁気カードやIDカードを専用の機械にかざすことにより確認する。
③ 　指紋、静脈等の生体情報をあらかじめ登録し、専用の機械に指や手をかざすことにより確認する。

　本人確認としてどのような技術を採用するかを判断するには、防護する情報資産の機密性の確保と、本人確認用機器等のコストおよび利便性とのト

レードオフを考慮することとなるが、どのような技術を採用する場合でも、原則として、ユーザID、磁気カード、IDカード等は共有せず、利用ログ等により作業をトレースする仕組みにすることが重要である。

また、業務上またはシステム上の都合により、ユーザID、磁気カード、IDカード等を共有せざるをえない場合があるが、この場合には、利用状況を第三者がモニタリングする等の方法で利用内容を特定し不正使用や情報漏えいの牽制を図るとともに、実際に問題が発生した場合には原因を究明できるコントロールを構築することが望まれる。

本人確認においては、上記のコントロールの整備・運用状況を監査することになるので、たとえば、次のような観点での監査が考えられる。

① 情報セキュリティ管理対象の各情報資産の利用方法とその申請・承認のための規則と手順を整備・運用しているか。
② ユーザID、磁気カード、IDカード等は共有していないか。共有している場合は利用者の正当性をどのようにして担保しているか。

(b) アクセス権限管理

アクセス権限を管理するためには、まず、情報セキュリティの管理対象となる各情報資産の利用方法とその申請・承認のための規則・手順の整備が必要となる。

あらかじめ定めた利用規則・手順に従い、ユーザへのアクセス権限の付与・変更・削除を適切に行い、利用者ごとのアクセス権限を適切に付与することで不正使用や情報漏えいのリスクを低減する効果が期待できる。さらに、権限の付与・削除の承認が適正かを管理することで当該リスクをより低減することが期待できる。

① アクセス権限の適切な設定……どの利用者にどのようなアクセス権限を付与するかは、業務内容、役職等に応じたアクセス権限付与基準にあらか

じめ定めておく。この基準に従いアクセス権限を付与することで業務上の権限や必要性に応じたアクセス権限を付与することが可能になる。

　しかしながら、利用部門の業務内容、役職等は人事異動等により変わるため、アクセス権限を付与した当初は、それが当該利用者にとって適切であったとしても、人事異動等により当該アクセス権限が適切ではない時期が必ず到来する。したがって、利用者の業務内容、役職等が変更となり、あらかじめ定めたアクセス権限付与基準に合致しない状態となった場合には、アクセス権限の付与状況を見直し、あらためてアクセス権限の付与・削除・承認を行うことが必要になる。

　なお、特にシステムのすべての処理を許可した特権（UNIX系OSにおけるroot等）については、当該システムの情報セキュリティ管理への影響が非常に大きいため、利用者変更時には旧利用者のアクセス権限をすみやかに削除する必要がある。

　アクセス権限については、上記のコントロールの整備・運用状況を監査することになるので、たとえば、次のような観点での監査が考えられる。

ⅰ　情報セキュリティ管理対象の各情報資産の利用方法とその申請・承認のための規則・手順を整備・運用しているか。

ⅱ　利用者の業務内容、役職等が変更となり、あらかじめ定めたアクセス権限付与基準に合致しない状態になっているアクセス権限がないことを確認し、必要に応じて修正しているか。

ⅲ　アクセス権限のなかでもシステムのすべての処理を許可した特権は他のセキュリティ設定を無効にするおそれもあるため、権限付与者の管理をもれなく行っているか。

② ユーザIDとアクセス権限……システムには、当該システムの管理者や利用者が、あらかじめ定めた規則・手順にのっとって作成したユーザIDや

アクセス権限のほかに次のようなユーザIDやアクセス権限が存在している可能性がある。
  i　操作ミスにより誤って作成されたユーザID
 ii　操作ミスにより過剰なアクセス権限が設定されたユーザID
iii　正式な承認手続を経ずに作成されたユーザID
 iv　システム導入時にベンダー等が利用しており現在は正当な利用者がいないユーザID

　このようなユーザIDやアクセス権限はシステムの不正利用につながるため、当該リスクを低減するためには、ユーザIDやアクセス権限の妥当性の検証態勢を構築することが重要となる。

　アカウントやアクセス権限については、上記のコントロールの整備・運用状況を監査することになるので、たとえば、次のような観点での監査が考えられる。

> i　人事異動等アクセス権限の変更が発生する可能性のあるタイミングや一定期間ごとに、システム出力のユーザIDおよび各利用者に付与したユーザIDやアクセス権限と、管理台帳の比較を行っているか。
> ii　システム出力情報と管理台帳の間に乖離がある場合は、不要なものがシステム上に残っている原因を追究し、不要な権限であれば削除しているか。

(c)　パスワード管理

　適切なアクセス権限管理を行っていても、そのアクセス権限を利用するためのパスワードが安易なものであれば、悪意をもつ者にパスワードを解析され、システムの不正利用につながるリスクが高まる。
　安易なパスワードの例としては、次のようなものがある。
① 文字数の少ないパスワード……例）a、12等

② 英単語等を列挙したパスワード……例）password、guest等
③ キーボードの配列パターンを列挙したパスワード……例）qwertyu、qazwsx等
④ 複数パターンの組合せ……例）password1、password2等

　安易なパスワードは辞書攻撃（あらかじめ使われそうな単語の一覧を次々に試す攻撃）やブルート・フォース攻撃（可能な文字の組合せをすべて試す攻撃）により解析される可能性が高いといえ、特にブルート・フォース攻撃を受け続けると理論上はどのようなパスワードも解析されることになるため、パスワード設定時のルールを整備するうえで考慮する必要がある。

　パスワード作成時のルールとして、たとえば次のような事例がある。
① パスワードは8文字以上とする。
② 英数字、大文字小文字、記号を混在させる。
③ 過去6世代のパスワードは利用しない。
④ 一定期間（60日等）経過した場合はパスワードを変更する。
⑤ パスワードを一定回数以上、誤入力した場合はアカウントをロックする。

　パスワードについては、システムの機能上の制限等により、たとえば自社のセキュリティポリシー・スタンダードに準拠できないことがある。

　このような場合、パスワード管理ルールをシステムに実装するためにはシステム開発が必要となり相当な費用も発生する可能性がある。

　したがって、システム内部監査でこのような事象に直面した場合には、次の事項に留意する。

① 当該システムの管理者や利用者がパスワードの管理についてシステム上の制約があることを理解し対応方針を整理していることを調査する。なお、対応方針が存在しない場合には対応方針の検討を提言する。
② 対応方針についてシステム化の検討がなされ、費用対効果の観点からシステム化要否をしかるべき責任者が判断していることを調査する。なお、

システム化は必須ではないが、パスワード管理を強化する有効なコントロールのため、パスワード管理が脆弱なシステムについては要検討とするのがよい。

③ システム化ではなく運用により対応可能な事項を整理し、運用により対応可能な事項については実施しているかを調査する。たとえば、パスワードの有効期限をシステム上もたない場合には、パスワード変更管理台帳を作成し、定期的にパスワードを変更したことを利用者ごとに記録し、管理する等がある。

(d) 外部からのネットワーク不正侵入対策

社内ネットワーク等の内部ネットワークが自社内だけでなくインターネットを経由して全世界とつながっている場合には、内部ネットワークの情報セキュリティへの脅威はグローバル化し、その攻撃手法も複雑化する。

このような外部からのさまざまな脅威を防ぐには、通常、ファイアウォールやIPS（侵入防止システム）等の導入が有効といわれている。

① ファイアウォールによる不正侵入防止……ファイアウォールとは社内LAN等の内部ネットワークとそれ以外の外部ネットワークとの通信を制御し、内部ネットワークの安全を維持することを目的としたソフトウェアあるいはそのソフトウェアを搭載したハードウェアの総称のことをいう。

ファイアウォールの実装には、次の方式がある。

　i　パケットフィルタリング方式……パケットフィルタリング方式は、ファイアウォールを経由するデータ・パケットに対して、IPアドレスやポート番号等の情報に基づいて、データ・パケットの送信元アドレス、宛先アドレス情報、ポート番号等によりデータ・パケットを中継するか、それとも遮断するかの判断を行う方式である。パケットフィルタリングは最近のルータに標準で搭載されており、中継／遮断の設定を行えば、比較的容易にファイアウォールを構築することができる。

　ii　アプリケーションゲートウェイ方式……アプリケーションゲートウェ

イ方式は、ネットワーク上のアプリケーションごとに中継処理を行う代理サーバーをファイアウォール内に用意して、クライアントはこの代理のサーバーを通して目的のサーバーに接続する方式である。OSI階層のアプリケーション層までのパケットの中身を解析するため、データ処理時間が長くなる半面、アプリケーション層まで解析しているためにパケットフィルタリング方式よりも高度な設定をすることができる。

iii　サーキットレベルゲートウェイ方式……サーキットレベルゲートウェイ方式では、クライアントから出されたTCP/UDPのコネクション（つまり、サーキット）要求をゲートウェイが受け、事前に設定した中継／遮断ルールと照らし合わせて、中継する場合は目的のホストに向けてあらためてTCP/UDPのコネクション要求を出す方式である。ルールの設定が容易である半面、クライアントアプリケーションやユーザ操作の変更が必要な場合がある。

　いずれの方式のファイアウォールを採用する場合でも、外部ネットワークから直接攻撃にさらされるファイアウォール自身のセキュリティ対策が特に重要となる。また、インターネット上に公開するサーバーを運用する場合はDMZ（非武装地帯。インターネット等の信頼できない外部ネットワークと、内部ネットワーク等の中間に置かれるセグメント）を構築し、公開サーバーをDMZ上に設置する等の対応を行うことが一般的になっている。

　ファイアウォールについては、主にその設定や運用状況を監査することになるので、たとえば、次のような観点での監査が考えられる。

i　内部ネットワークと外部ネットワーク間の通信中継／遮断ルールが整備されているか。

ii　ファイアウォールの設定の妥当性チェックが適切であるか。より具体的には、たとえば、一般的に知られた侵入防止に必要な遮断設定がされ、一方で必要な通信の許可設定を行っているか。

iii ファイアウォールの設定変更権限を内部ネットワークから特定の権限者のみが設定変更可能とする等、外部からの攻撃に対応しているか。
   iv ファイアウォールを利用したDMZ上のサーバーやルータの中継／遮断ルールの設定は、設計したとおりのセキュリティを形成しているか。

② IPSによる不正侵入防止……ファイアウォールのほかに、内部ネットワークと外部ネットワークの境界に設置する専用の機器や、サーバーに導入するソフトウェア等のかたちで提供する侵入防止システムIPS（Intrusion Prevention System）により不正侵入を防止する対策がある。

 ネットワーク型のIPSは、不正侵入検知システムIDS（Intrusion Detection System）の機能を拡張し、不正侵入を検知したら接続の遮断等の防御をリアルタイムに行う機能をもつ。ホスト型のIDSは、サーバーマシンにインストールし、不正アクセスのOSレベルでの阻止や、アクセスログの改ざん防止、サーバーの自動シャットダウン実行等の機能をもつ。

 IPSについては、主にその設定や運用状況を監査することになるので、たとえば、次のような観点での監査が考えられる。

・不正侵入検知時の動作設定（サーバーの遮断やシャットダウン等）がルールと一致しているか。

③ リモート接続によるセキュリティ・ホール対策……保守ベンダーが組織の内部ネットワーク上の機器をメンテナンスする際や、社員が外出先から内部ネットワーク上のサービスを利用するために、電話回線や専用回線を利用したネットワーク接続（リモート接続）を用意している場合がある。このような内部ネットワークに直接接続できる通信経路は、ファイアウォール、IPSその他の方法で内部ネットワークと外部ネットワークの境界に不正侵入防止対策をとっている場合でも、セキュリティ・ホールとな

る可能性がある。

　リモート接続へのセキュリティ対策について監査する場合には、次のような観点がある。

> i　リモート接続手順（必要時にのみネットワーク機器の電源を入れる等）が整備され、手順に基づき運用されているか。
> ii　リモート接続時の認証方式（コールバック、ワンタイムパスワード等）は十分なセキュリティを保っているか。
> iii　不要・不正なリモート接続を制限するため、リモート接続における承認手続、接続中の作業内容のモニタリングを行っているか。
> iv　リモート接続履歴と接続申請の突合せにより、事後的に不要・不正なリモート接続のモニタリングを行っているか。

(e)　**本番環境の変更管理**

　本番環境のデータ、プログラム、システム上の設定の承認外の改変を防ぐために、多くの金融機関では、事前に本番環境を変更する際の申請と承認手続を定めている。

　このような事前に整備した手続に準拠していないデータ、プログラム、システム上の設定の変更や悪意のある変更は、システムの完全性に悪影響を与えるだけでなく、情報の漏えい（機密性）やシステム障害（可用性）にもつながりうる。

　したがって、データやプログラム、システム上の設定変更がすべて正しい手順に従って行われており、不正な変更がないことの管理が要求される。

　本番環境の変更管理が適切に行われていることについて監査する場合には、次のような観点がある。

> ①　本番リリースを行う際の申請と承認手続は整備されているか。

② 本番リリースを行う権限はライブラリアンもしくはそれに該当する担当者にのみ与えられており、それ以外の人は本番リリースを行うことができない権限設定となっているか。
③ 本番リリースにあたって作業ミスによる誤ったリリースが行われないような体制（リリース対象の明確化、リリース後の検証等）が整備されているか。
④ プログラムの変更差分チェック（ソースコード比較、ファイル日付比較等）やデータ、設定情報等の変更差分チェックを行い、差分があった場合は根拠となる変更申請と承認手続が行われていることを確認しているか。

(f) 暗号化

情報の暗号化は、情報端末に内蔵する情報の機密保護や、組織内部での機密情報漏えい防止、インターネットを介したメールやプログラムの通信回線上での盗聴や改ざん防止、なりすまし防止のために有効なコントロールとなる。

① 保存データの暗号化……組織内でも人事情報や経営情報等のように、役職や担当業務により利用を制限する情報が存在する。利用者を限定すべき情報（データファイルやプログラム等）は、情報自体を暗号化し仮に権限のない社員や外部の第三者が当該情報にアクセスできたとしても内容を閲覧することができないといった仕組みにしておくことで情報の機密性を高めることが可能となる。また、近年、ノート型パソコンや高機能携帯電話といったモバイル端末と、モバイルネットワークの普及によりさまざまな場所で業務を行うことができるようになっている。しかし、一方で、モバイル端末の紛失・盗難といった事故が発生している。

したがって、紛失・盗難されたモバイル端末からの情報漏えいを防ぐために、端末内の全データの暗号化等による対策も有効と考えられる。

② ネットワーク通信の暗号化……端末内部のデータだけでなく通信回線上のデータの保護も重要となる。

インターネット上でやりとりするメールは"はがき"を送るようなものであり、悪意をもった者により内容を盗みみられ、改ざんされる可能性がある。また、メールの送信者を装って悪意の第三者がメールを送信する（なりすまし）ことも可能である。

したがって、メール送受信以外のプログラム間の通信時（たとえば、Webアプリケーションの利用時等）にも盗聴や改ざんの可能性があり、これらの脅威を防ぐために、インターネットを経由する重要データの暗号化が有効な手段といえる。

たとえば、機密性に係るシステム内部監査を実施する場合、暗号化の状況を対象として、次のような観点がある。

i 経営情報や人事情報等の組織内でも機密性の高いファイルは暗号化する等の機密性のレベルに応じて暗号化を適用しているか。
ii ノート型パソコン等の大量の重要情報を格納しうる機器については、重要情報を格納しない等のIT運用面からの対策とともに、ディスク全体を暗号化する等、万一、記憶媒体を紛失した場合でも格納情報の漏えいが容易ではない対策をとっているか。
iii 機密性の高いメールや添付ファイルは機密性に応じた暗号化ツール等による暗号化を行い送受信しているか。
iv インターネット取引やインターネット経由でのクライアント情報の取得等のインターネット経由で重要情報をやりとりする場合はSSLによる通信内容の暗号化やVPN（Virtual Private Network）による仮想専用線を利用するといった通信の暗号化を図っているか。

b　物理セキュリティ対策

　論理的なセキュリティ対策に加え、建物への不正侵入や情報機器の盗難、情報機器に不正に接続した情報の盗難や破壊等の行為、もしくは自然災害等から情報を守ることも情報セキュリティ対策の一つであり、物理セキュリティと呼ぶ。

　(a)　物理的侵入防止（防犯設備等）

　一般に、金融機関には、社員のほかに派遣社員、パート、アルバイト等、多様な勤務形態の従業員、そのほかに訪問客が訪れる。したがって、情報セキュリティ管理対象となる情報資産を設置した建物や部屋、専用スペースへの入退館・室を制限することにより、機器の破壊、不正なコンピュータ機器の接続、盗難、情報漏えい等の問題を未然に防ぐことが可能となる。

　このような不正な入退館・室を防ぐため必要な予防策について監査する場合には、次のような観点がある。

① 　重要情報を保管した建物や部屋に関しては事前に入退館・室の時間、理由、対象者を申請・承認し、台帳管理する等の入退館・室手続を整備し、運用しているか。

② 　夜間、休日、緊急時等の通常の入退館・室手続をとることができない場合の次善策（事後申請と承認等）のルールを整備しているか。

③ 　建物や部屋に常時入退館・室可能な者については事前に許可申請・承認を行い、磁気カード、ICカード等のカード類による本人確認や指紋、静脈等の生体情報による本人確認方法と連携して入退館・室を管理しているか。また、そのログを保管し、不正な入退館・室がないことのモニタリングを行っているか。

④ 　入退館・室の認証を受けていない者が、認証を受けた者とともに不正に入館することを防ぐローターゲートやサークル・ロック・ドア、

> 扉への電子ロック等を設置しているか。
> ⑤ 全社員が帰宅した後の不正な侵入を検知する設備（たとえば、赤外線探知機等）を設置し、不正侵入の検知を行っているか。

また、上記の予防策だけでなく、不正な入退館・室を防ぐための牽制策については、次のような観点がある。

> ① 建物敷地入口や建物入口に守衛を常時配備することにより、侵入者への牽制を行っているか。
> ② 建物敷地内および建物内のビデオカメラによる24時間、365日監視を行うことで不正行為に対する牽制と不正行為があった場合の記録を保存しているか。

さらに、本番コンピュータ室や金庫室等の特に高い機密性を求められる部屋への入退室に関しては、事前の入室申請や作業内容・時間の申請、管理責任者による承認と作業内容に申請外の者がなかったか確認を行う等、一段と高いセキュリティ対策が求められる。特に、高い機密性を求められる部屋への入退室に対して監査する場合には、上記の不正な入退館・室に対する予防策と牽制策に加え、次のような観点がある。

> ① 入退館・室記録と申請とが合致していることをモニタリングしているか。
> ② コンピュータの操作ログから、行われた作業が申請と合致していることをモニタリングしているか。

(b) システム稼働環境の整備

情報システムを構成するネットワーク機器、サーバー、ユーザ端末は故意

の破壊だけでなく経年劣化や故障等により機能を停止する場合がある。

特に、ネットワーク機器とサーバーの停止はそれらを利用している業務が継続できないという大きな問題にもつながりかねない。したがって、重要なシステムや当該システムが利用するネットワークについては、ネットワークの複線化（複数のネットワーク管理会社との契約等）、ネットワーク機器（ファイアウォール、ルータ、スイッチ等）の二重化（多重化）、RAID構成等による記憶装置の信頼性強化が求められる。

システム稼働環境の可用性を高めるための対策について監査する場合には、次のような観点がある。

① ネットワーク機器やサーバー等の稼働状況やエラー発生状況を統合監視し、問題発生時には即応できる体制と手順が整備されているか。
② システム導入後にも回線や機器の切替訓練を行い、ネットワークの複線化やディスクのRAID構成等が正しく機能することを確認しているか。

(2) IT運用の視点

情報資産を保護するためにITを駆使する方法に加え、関係者、自社の活動を管理することにより情報セキュリティを強化する方法がある。

a 環境およびアクセス権限の分離

(a) 開発・テスト環境と本番環境の分離

一般的に、システム監査の世界では、開発・テスト環境と本番環境は、論理的、物理的に分離していることが理想といわれている。さらに、開発・テスト環境と本番環境のシステム構成は、システム構成の違いからくる本番リリース時の障害発生を防ぐ等の理由から原則として同じ環境を用意すること

がより望ましいといわれている。これは、同一環境に開発・テスト環境と本番環境を構築している開発作業において本番環境を誤って更新したり、逆に本番環境を更新するはずが開発環境を更新したといった事故が想定されることが理由である。また双方の環境が同じラック内に設置する等の物理的な分離を行っていない場合、開発環境にのみ行うべき作業を誤って本番環境にも行うといった事故も想定されることが理由である。

これらをふまえ、開発環境と本番環境の論理的、物理的分離について監査する場合には、次のような観点がある。

① 開発環境と本番環境それぞれのコンピュータを設置した部屋や設置したコンピュータラックを視察し、物理的に分離して設置されているか。
② 開発環境と本番環境の間でテスト通信（たとえば、pingコマンドの実行など）を行い、通信ができない構成となっているか。

(b) **開発担当者と運用担当者のアクセス権限の分離**

上記の開発・テスト環境と本番環境の分離同様、システム監査の世界では、開発担当者は本番環境へのアクセスを原則として禁止し、運用担当者はプログラムやデータの変更を原則として禁止することが理想といわれている。

これは、開発担当者は主業務であるシステム開発や開発中の障害対策のために、開発環境におけるデータやプログラムの変更権限やネットワークの設定変更権限等が必要ではあるものの、本番環境においても同様の権限をもつと、承認を受けていないデータやプログラムの変更や本番実行環境を変更することができ、システムの完全性や可用性を損なう原因となるためである。また、本番リリースを行わないという前提で、運用担当者は本番システムの安定稼働のために本番環境におけるプログラム実行、停止、状態監視等の権

限が必要だが、プログラムの変更権限やネットワークの設定変更権限等をもつと、承認を受けていないデータやプログラム変更や本番実行環境を変更することができることになり、これもシステムの完全性や可用性を損なう原因となる。

これらをふまえ、開発担当者と運用担当者のアクセス権限の分離について調査する場合に、次のような事例が考えられる。

① 開発環境と本番環境それぞれのシステムからアクセス権限情報を抽出し、開発担当者および運用担当者が業務上不要な本番環境の更新権限をもっていないことを確かめているか。
② システム障害の緊急対応等で、実務上開発担当者が本番環境の更新権限を含む高権限をもつほうが都合のよい場合もある。その場合は、緊急時の権限付与が必要期間に限定され、作業内容が適切であることをモニタリングしているか。

(c) 承認者と申請者のアクセス権限の分離

システム監査の世界では、システムにおける変更、登録申請者のもつ権限と承認者の権限は分離することも、理想の一つといわれている。

これは、たとえば、アプリケーションにおいて発注を登録する権限とその発注を承認する権限の両方を同一人物がもった場合、発注を登録した当人がその承認も行うことができることになり、申請に対する承認という牽制が利かなくなるためである。

これをふまえ、承認者と申請者のアクセス権限の分離について監査する場合に、次のような観点がある。

・承認者と申請者それぞれのシステム出力のユーザIDとアクセス権限を査閲し、承認者が承認対象となる情報の入力権限をもたない設定と

なっているか。

b 外部記憶媒体の利用制限

　USBメモリや外づけハードディスクといった外部記憶媒体の小型化、大容量化が進み、またコンピュータへの接続も容易になる一方、外部記憶媒体による大量な情報漏えい事件も多数発生している。このような事件を回避するためには、まずは、外部記憶媒体の利用を制限し、必要に応じて事前申請・承認後に利用可能とするルールを策定し、その運用を徹底することが有効である。

　外部記憶媒体の利用制限については、システムによる制限と運用による制限とがあるが、一般的には、システムによる制限のほうが効果が高いといえる。

　なお、システムで外部記憶媒体の利用を制限するには、次のような方法がある。

① 外部記憶媒体接続ポートの停止（たとえば、USBポートの作動停止）
② 外部記憶媒体の接続を検知し、利用を制限する専用アプリケーション導入
③ セキュリティシールによる外部記憶媒体接続ポートの封印

　外部記憶媒体については、上記のコントロールの整備・運用状況を監査することになるので、たとえば、次のような観点での監査が考えられる。

① 外部記憶媒体の利用規則の整備と周知徹底しているか。
② 外部記憶媒体の利用者や利用目的、日付等をモニタリングできるように管理台帳等に記録し、管理しているか。
③ 外部記憶媒体を接続制限するために、業務上のリスクとコストを考慮してどのような方法を採用しており、それが徹底しているか。

c　記憶媒体の廃棄管理

　記憶媒体としては磁気テープやハードディスク等のさまざまな種類が存在しているが、OSやアプリケーション上のデータ削除処理だけでは記憶媒体上にデータが残っている可能性があり、悪意の第三者により削除したはずのデータを読み取られ、結果として情報漏えいにつながるリスクがある。

　このリスクを低減するため、記憶媒体上のデータの完全な削除が必要だが、方法としては、専用の消磁装置による記憶媒体の完全消去や、専用アプリケーションによる完全消去、専門業者による記憶媒体の破壊等がある。

　記憶媒体の廃棄管理状況について監査する場合に、次のような観点がある。

① 記憶媒体を消去や廃棄、その後の記憶媒体の取扱手順を明確にしているか。
② データ消去アプリケーションの選定や記憶媒体廃棄業者の選定は妥当か。

d　コンピュータウィルス対策

　コンピュータウィルスによる情報の漏えい、プログラムの改ざん、破壊等を防止するためには、コンピュータウィルスの侵入防止策や侵入した場合に検知する仕組みが重要になる。さらに、ウィルスに感染した場合に備え、バックアップを確保しておく等の復旧対策も重要な対策となる。

　コンピュータウィルスの感染経路、感染防止策、感染時に必要となる復旧手順としては、次のようなものがある。

　(a)　コンピュータウィルスの感染経路例
① インターネットのダウンロードプログラムから感染
② インターネットのサイト閲覧による感染
③ 電子メールの添付ファイルから感染

④ フロッピーディスク、USB等の外部記憶媒体から感染

(b) コンピュータウィルスの感染防止策例

① インターネット等外部ネットワークと内部ネットワークの接点に当たるファイアウォールにウィルス検知機能を追加する。
② ウィルス対策ソフトを導入しリアルタイムでのウィルスチェックおよび定期的なウィルスチェックを行う。最新のウィルス定義ファイルを適用する。
③ フロッピーディスク、USB等の外部記憶媒体は初期化後に利用する。
④ OSやミドルウェア、アプリケーションのセキュリティパッチを適用する。
⑤ 安全性を確保していないファイル（ウィルスチェックなしのダウンロードファイルや不審なメール添付ファイル）を実行しないことを周知徹底する。

(c) コンピュータウィルスの感染時に必要となる復旧手順例

① 感染したコンピュータの取扱手順
② バックアップデータからのシステム復旧手順

上記の事例等もふまえ、コンピュータウィルス対策について監査する場合には、次のような観点で実施することが考えられる。

> ① コンピュータウィルス感染経路について周知徹底を図り、ウィルス感染する機会を低減しているか。
> ② ファイアウォールやネットワーク上の各コンピュータにウィルス対策ソフトを導入し、定期的にウィルス定義ファイルの更新とウィルスチェックを行う等のルールを明確にし、運用しているか。
> ③ コンピュータウィルス感染時の連絡経路を整備しているか。

e　インターネット、メールの利用管理

　インターネットおよびメールの無制限の利用は、コンピュータウィルスの感染だけでなく、機密情報の漏えいの原因ともなるため、業務上のリスクとコストを考慮して利用に制限を加えることが重要になる。インターネット、メールの利用制限を行う方法としては、次のようなものがある。

① 　インターネットと内部ネットワークの接点に当たるファイアウォール等においてインターネット経由でアクセスできるサイトを制限する。たとえば、インターネット上に流す情報の内容を組織内でチェックしづらい、インターネットメールや掲示板等といったサイトのアクセス禁止　等
② 　業務に関係のないインターネットサイトへのアクセスを禁止する。
③ 　メール送信可能な端末を限定し、メール送信時は事前に申請・承認の手続をとる。
④ 　インターネットサイトのアクセスログやメールの送受信先のログを取得し、その内容をモニタリングすることで、不要、不正な利用に対する牽制効果が期待できる。

　また、多くの金融機関では、インターネットを利用した取引を実施しているが、このような取引を行う場合には、自社内の情報漏えい対策の観点から、次のような対策も重要となる。

① 　インターネットのサービスプロバイダで十分な情報セキュリティ対策がとられていることを確認する。
② 　自社だけでなくサーバー管理等の委託業者における顧客の情報漏えい防止策を徹底する。
③ 　インターネットを利用した顧客の本人認証（電子証明書等）手順を厳密に行う。

　インターネット、メールの利用管理について監査する場合に、次のような事例が考えられる。

> ① インターネットおよびメールの利用手順の整備と周知徹底を行っているか。
> ② Webフィルタリングやメール監視アプリケーションの導入等によりインターネットが想定どおり利用制限しているか。
> ③ インターネットおよびメール利用ログを記録し、不正な利用が行われていないか等モニタリングしているか。

f　持込み／持出し制限

　重要な情報の漏えいやウィルス感染、不正な内部ネットワークの利用、危険物の持込みを防ぐため、建物や部屋の重要度に応じて、危険物のほかにコンピュータや記憶装置、記憶装置付きの電子機器（音楽プレーヤーやポータブルゲーム機）等の持込み／持出しに制限を加える方法がある。

　具体的には、たとえば、次のような対策がある。
① 持込み／持出しの事前申請のないコンピュータ、記憶録媒体等の持込み／持出しを禁止する。
② 金属探知機やX線検査機による持物検査を行う。
③ 警備員による手荷物検査を行う。

　上記の具体例もふまえ、持込み／持出し制限について監査する場合には、次のような観点で実施することが考えられる。

> ① 建物や部屋の重要度に応じて、持込み／持出し可能な物とそのチェック方法を明確にしているか。たとえば、金属探知機等の専用機器の導入等。
> ② 持込み／持出しの申請・承認手続を整備し、手続に応じた運用を行っているか。

g　セキュリティ教育

　情報セキュリティに係る規程やルールを整備していても、それらを利用する人が当該規程やルールを理解していなければ、当該規程やルールが遵守されないリスクがある。

　したがって、情報セキュリティ教育を全役職員、その他業務に係る組織のすべての要員に対して実施し、情報セキュリティ関連規程の周知徹底を図ることが重要となる。

　さらに、情報セキュリティの検討課題は日々進化するため、教育担当部署は新技術の情報を収集し、教育内容の陳腐化を防ぐ必要もある。

　これらをふまえ、セキュリティ教育について監査する場合には、次のような観点で実施することが考えられる。

> ①　教育を随時または定期的に行い、すでに教育を受けたことがある人に対しては知識の更新を行い、新規加入者に対しては基本的な事項から周知徹底を図っているか。
> ②　教育内容はセキュリティを取りまく環境にあわせて随時更新しているか。

ポイント

- 情報セキュリティ管理はITおよびIT運用の両面から実施するため、システム内部監査ではITおよびIT運用の両面からリスクの低減状況を評価することが重要
- 情報セキュリティ管理に係るコントロールには、情報へのアクセスを制限するための予防的コントロールと、不正なアクセスを発見するための発見的コントロールが存在しており、これら複数のコントロールによりリスクを低減していることを理解することが重要

5 外部委託管理

　システム構成の多様化に伴うシステム維持・管理業務の複雑化、ASPサービスの利用・パッケージソフトウェア導入の一般化、システム開発要員の育成・ローテーションのむずかしさ、あるいはシステム運用業務の効率化要請等に伴い、外部委託する業務範囲が拡大している。

　システムの開発、運用を専門性の高いベンダー等へ委託することで、金融機関の多様なサービスへの対応や技術革新をふまえたシステム化を図ることが期待できるが、外部へ委託しているシステム開発、運用に起因して発生した障害等に係る影響・責任は自社に帰結することになる。

　これは、システムの開発、運用といった業務を委託することはできるものの、委託した業務に係るシステムリスクについては自社で管理する必要があることを意味する。

　さらに、外部委託した業務については、各種リスクの認識⇒評価⇒リスク低減活動といったシステムリスク管理のPDCAを自社内で完結できないといったむずかしさもある。

　「5」では、外部委託管理における主な対象領域に係る事項について説明する。

(1) 外部委託の準備

　外部委託を行う際には、委託する業務を決定し、委託先を選定・決定することになる。仮に、このプロセスにおいて、明確な計画や基準がなかったとしたら、どのような事態が発生しうるだろうか。

　たとえば、外部委託に係る方針や計画がなければ、やみくもに外部委託先が増加し、本来、自社で実施すべき業務までも外部委託されるような事態に

なる可能性があるだろうし、外部委託先の選定基準がなければ、当該業務の受託実績のないベンダー等を外部委託先として選定してしまうこともありうる。

このようなリスクを回避するため、システム内部監査においては、次のような領域を対象とすることが望まれる。

a 外部委託関連規程類の整備

自社における外部委託管理に係る基本方針や体制が整理されていない場合、経営の意図しない外部委託が行われるリスクがある。

このような潜在リスクを低減するためのコントロール例としては、次のような事例が考えられる。

① 外部委託の基本方針が作成されている（リスク管理の上位規程の一部としている場合もある）。
② 外部委託管理責任者が明確にされている。
③ 外部委託管理に関する管理方法、確認すべき事項、および手続に関する取決めおよび判断基準が定められている。
④ 規程内容が実務で適用されることを担保するための、確認すべき事項や判断基準として使用する項目を明確にした書式が整備されている。
⑤ 外部委託に関する規程はきわめて重要であり（リスク管理の主たる当事者が外部委託先になるため）、該当規程の承認は取締役会等になっている。

b 外部委託計画の策定

外部委託計画が存在しない場合、自社内の各部門が独自の判断で外部委託を行うリスクがある。このような潜在リスクを低減するためのコントロール例としては、次のような事例が考えられる。

① 外部委託の基本方針に基づき、外部委託業務を特定している。
② 特定された外部委託業務についての計画書が作成され、承認されてい

る。

c 外部委託先の選定

外部委託先の選定基準が存在しない場合、当該業務を委託するのに適していないベンダー等へ業務を委託し、結果として、当該業務に問題が発生するリスクがある。

このような潜在リスクを低減するためのコントロール例としては、次のような事例が考えられる。

① 外部委託業務の外部委託先を選定するため、同業他社情報等を参考にして、複数の候補会社を選定している、また客観性・透明性が説明できるよう、候補会社の選定方法を明確にしている。

② 標準的な評価項目をベースにして、必要に応じて対象外部委託業務固有の評価項目を追加した評価表に従い評価している（項目例は図表4－8参照）。

③ 各項目の評価方法は点数方式（たとえば1～5点）、あるいは○／△／×方式等により数値化している、また各項目にウェイトをつける等工夫している。ウェイトづけが恣意的にならないようにするため、評価基準を規定している。

④ 担当者による評価結果を担当者の上位者（委託業務内容に熟知）が一次検証している。一次検証結果を受けて、第三者的位置づけの部門（外部委託統括部門等）による二次検証[11]を実施している（一度委託すると、変更がむずかしいケースが多いため慎重さが求められる）。

なお、開発業務を委託する場合には、上記の共通のコントロールに加えて、委託元金融機関によるさらに具体的な関与が求められるので、後述の「(3) 開発業務の外部委託管理における留意事項」を参考に活用してほしい。

---

11 外部委託業務の重要度や金額等により、二次検証を省略することも考えられる。ただし、省略可否等についての規程は必要である。

図表 4 - 8　外部委託管理の評価項目例

区　分	評価項目例
共通評価項目例	・安定性（財務内容） ・受託実績（数カ年の時系列） ・関連する技術レベル ・システム環境 ・RFPと提案内容の整合性・充実度 ・委託費用（一時的な費用＋継続発生費用） ・セキュリティ対策（委託業務内容により求めるセキュリティレベルが異なることに留意、特に本番環境へのアクセスコントロール方法が重要） ・開発・保守体制 ・開発・保守工程管理や品質管理（主要工程でのレビュー方法・記録、標準テスト項目の具備状況、リグレッションテスト方法や環境、ソースコンペアの全数実施等具体的なレベルでの確認が必要） ・問題発生時の対応方法・対応体制 ・各種公的認証の取得状況（参考程度） ・重要性と効率性を意識した管理の有無　等

d　外部委託契約の締結

　外部委託した業務の遂行やシステムリスク管理は、通常、契約書に従い実施する。

　したがって、外部委託契約において、自社の要求する事項や水準等を明確にしておかなければ、結果として、当該業務に係るシステムリスク管理が自社の要求する水準で行うことができないリスクがある。

　このような潜在リスクを低減するためのコントロール例としては、次のような事例が考えられる。

① 　金融機関でひな型を準備・使用している（自社の要件を具備しており、効率化の観点からも望ましい）。なお、外部委託先が大手ベンダー等で先方の

ひな型を使用する場合、外部委託担当部門、外部委託統括部門および法務部門等による検証を実施している。
② ソフトウェア資産について、外部委託先の破綻等によりメンテナンスが受けられないことを防止するためのエスクロー条項等を考慮している。
③ 重要な外部委託業務について、提供サービスレベルを継続的に確保する目的でSLA等を考慮している。
④ 監査権は重要であり、監査権を確保している。
⑤ 外部委託に関する契約書について、外部環境の変更（個人情報保護法等）や内部環境の変更（外部委託関連規程変更等）に伴い既存契約の棚卸・変更（覚書による補完）が必要になるが、適時の漏れのない棚卸を担保するため、外部委託契約一覧による管理を行っている。

(2) 外部委託業務の管理

実際にシステムの開発、運用を委託した場合には、外部委託先における当該業務に係るシステムリスクの管理状況等について、金融機関において評価し、必要に応じて、外部委託先へ改善を依頼することになる。このプロセスを怠った場合には、外部委託先において金融機関の要求する水準でのシステムリスク管理が行われず、結果として、障害等が発生し、金融機関の業務へ影響を与えることとなる。

このようなリスクを回避するため、システム内部監査においては、次のような領域を対象とすることが望まれる。

a 外部委託業務のシステムリスク評価の実施

金融機関は外部委託した業務に係るシステムリスクとして、どのようなものがあるかを把握しておかなければ、当然ながら、外部委託先で適切なシステムリスク管理が行われているかを評価することができない。この評価ができなければ、外部委託先において当該業務に係るシステムリスク管理を自社

の要求する水準で行っていないことを発見できないリスクがある。

このような潜在リスクを低減するためのコントロール例としては、次のような事例が考えられる。

すなわち外部委託計画作成時点で、外部委託業務に関するシステムリスク評価をたとえば、次のように実施している。

① 外部委託業務の業務（作業）フローを作成し、リスク内容を業務フロー上に整理・記載する。
② リスクに関して、対応内容（リスクを軽減するためのコントロール）を記載したRCMを作成する。

b　システムリスク評価結果を受けての対応

外部委託先におけるシステムリスクの管理状況を評価し、改善課題を発見した場合には、外部委託先に対して、適切な対応を講じるよう依頼する必要がある。

上記aに加え、当該作業を実施しなければ、外部委託先において当該業務に係るシステムリスク管理を自社の要求する水準で行っていないことを発見できないリスクがある。このような潜在リスクを低減するためのコントロール例としては、次のような事例が考えられる。

すなわち、システムリスク評価結果を受けて、たとえば下記①～③のような対応が実施されている。

① 契約書やSLA等に組み込むことが可能な対応内容について、契約書やSLAで具体化する。
② 外部委託先に対して、対応内容を提示してすでに導入されているか、あるいは未導入の場合具体化が可能かを確かめる。未対応で具体化が当面できない対応内容については、他のコントロールで代替されていると判断されればOKとし、他のコントロールがない／不十分であると判断されれば、「問題点の是正」対象項目として管理し、継続交渉やフォローをする。

③ 対応内容で重要と判断される項目については、定期的な報告対象として管理する、あるいは定期的に自らモニタリングする（監査とは別で委託業務主管部門によるモニタリングを指し、外部委託先サイトの視察、QA票による確認、チェックリストによる確認等）等の対応を実施する。

c 外部委託先からの定期的な報告実施

金融機関は外部委託した業務の執行状況について把握しておかなければ、当然ながら、外部委託先で適切に業務が行われているかを評価することができない。この評価ができなければ、外部委託先において当該業務を自社の要求する水準で行っていないことを発見できないリスクがある。

このような潜在リスクを低減するためのコントロール例としては、次のような事例が考えられる。

・外部委託業務の執行状況を確認するため、外部委託先から定期的な報告を受けている。報告サイクルや報告内容について両者で明確にしている[12]。

d 外部委託先の定期的評価

外部委託の場合、外部委託先の倒産等により委託した業務を実行できなくなるリスクがある。さらには、外部委託先の都合による要員変更等によりサービスの品質が低下するといったリスクもある。

このような潜在リスクを低減するためのコントロール例としては、次のような事例が考えられる。

① 外部委託先の会社の状況（財務状況もあるが、外部委託業務と同様のサービス提供先の推移も重要）評価に加えて、提供サービス品質（要員品質を含む）の評価を実施している。

---

[12] 開発関連外部委託の場合は月次で進捗報告や品質報告を受ける、システム運用関連外部委託の場合は日次作業報告と月次での臨時作業内容・障害内容・環境変更件数等報告の組合せで報告を受ける等。

② 評価に際しては、標準評価項目や選択評価項目を明確にした評価チェックリストを制定し、評価している。
③ 定期的な評価で判明した不十分項目については、外部委託先に対して「問題点の是正」依頼を行っている。

e 外部委託先の障害管理

外部委託している業務において障害等の問題が発生した場合、当該事象に対する報告に係る事項について明確な取決めがない場合には、外部委託先から金融機関への当該事象に係る情報提供、状況報告がなされず、金融機関において適切な対応をとることができないリスクや、外部委託先で適切な対応を実施したかどうかを評価できないといったリスクがある。

このような潜在リスクを低減するためのコントロール例としては、次のような事例が考えられる。
① 外部委託業務の執行範囲で検知された障害等（障害、事故、問題点）についての報告方法（報告ルート、報告タイミング、重要度別報告基準、報告内容等）を両者で明確にするとともに、報告書書式にて報告内容を担保している。
② 発生・報告された障害等について、金融機関で一覧管理し、対応もれ（暫定対応はされたが、本格対応がなされていない等）や対応遅延が発生しないよう管理している。

f システム監査の実施

システム監査の要否については、外部委託業務の重要度や外部委託範囲に依存するので、すべての外部委託業務について監査実施が要請されるものではない。

したがって、システム監査によるモニタリングの要否を検討したうえで必要な監査が実施されているかどうかを評価する必要がある。

なお、監査の種類には下記①～④があるが、下にいくほど客観性や精度が落ちる可能性があるので極力上位のタイプの監査を実施することが望まれる。

ただし、①と②は大きな差異はなく、③についてもシステム内部監査担当者の能力・経験次第では①や②と同等の監査を行うことができると考えられる。

なお、外部委託先の管理上、③を実施するか否かは、①あるいは②で実施する監査範囲・監査項目次第なので、①あるいは②で実施するシステム監査を活用するのが実効的であると考えられる。ただし、①あるいは②で実施するシステム監査を活用する場合、システム監査結果の評価、および追加要請の要否検討が必要になると考えられる。

① 金融機関が選定した外部監査人によるシステム外部監査
② 外部委託先が選定した外部監査人によるシステム外部監査
③ 金融機関の内部監査部門によるシステム内部監査
④ 外部委託先の内部監査部門によるシステム内部監査

g コンティンジェンシープランの考慮

コンティンジェンシープランについては、外部委託業務の重要度に依存するので、すべての外部委託業務について要請されるものではない。したがって、必ずしもコンティンジェンシープランを作成しておく必要はないが、コンティンジェンシープランを作成する必要があるかどうかを評価しておく必要はある。

また、コンティンジェンシープランが必要であると判断される場合には、システム内部監査では、次の観点からコンティンジェンシープランを評価する必要がある。

① 外部委託先サイトの災害時等における外部委託業務への影響度を検討し、外部委託先と協調したコンティンジェンシープランを作成している。

② 金融機関サイトにおける災害時等の外部委託業務への影響度（たとえば、口座振替処理等重要な外部委託業務が遂行できなくなるケースは影響度大）に応じて、金融機関サイトの災害時等の外部委託先業務継続のためのコンティンジェンシープランを作成している。

(3) 開発業務の外部委託管理における留意事項

(2)まででは、システム関連の外部委託に係る共通的な事項を記載しているが、開発を委託する場合には、次のような対象領域についてもシステム内部監査の対象となりうるので、開発に係る外部委託管理を対象としたシステム内部監査を実施する際には、参考にしていただきたい。

a　事前評価の実施

外部委託先の選定時の評価項目例について前述の図表4－8に記載しているが、開発を委託する際には、次のような項目についても評価することが有用である。

① 工程管理基準の文書化状況
② 工程ごとの成果物の定義、工程ごとのレビュー要否対象の明確化レベル（項目の規定、要否判定者の規定、案件ごとの要否の明記等）
③ 工程ごとのレビュー管理方法のレベル（レビュー管理簿等による、レビュー担当者およびレビュー予定時間の事前記載および予定対実績の確認実施有無等）
④ 開発関連ドキュメント（設計書、データ項目定義、モジュール関連図、ジョブフロー等）の作成基準や案件対応時の改定（メンテ）基準の整備
⑤ 開発・保守要員の主要業務別構成
⑥ 品質管理基準や品質管理方法レベル（設計書ボリューム対比のレビュー実施時間と指摘件数、開発ボリューム対比のテスト項目数と検出バグ数の標準を使用しての評価を参考にする等）

⑦　開発・保守用ライブラリの種類と管理方法およびバージョン（タイムスタンプで代替可）管理方法。具体的には、開発部門が保障した（＝管理者が承認した）バージョンが本番適用されることを保障できる管理ができているかの確認
⑧　標準的なテスト項目の整備状況
⑨　ソースコンペア（本番バージョンとリリース予定バージョン間で実施することが重要）の実施方法や実施対象（原則全数実施）
⑩　開発・テスト環境の保有状況

b　開発工程管理基準の制定

　多くのベンダーでは開発工程の効率性や品質の向上を目的に開発工程管理基準を制定している。特に外部委託であるため、自社の関与を考慮し、次の観点で当該基準を評価することが有用である。
①　開発・保守工程全体を通して、金融機関と外部委託先の守備範囲の明確化
②　外部委託先作業のどの部分を検証／確認するかを明確化
③　上記の実施状況を担保し、第三者説明ができる証跡（書式やチェックリスト等）を明確化
④　承認要否および承認者の明確化
⑤　検収物件の明確化

c　開発工程における進捗、課題、品質管理

　多くのベンダーでは上記で定めた管理基準等に基づき、開発工程における進捗、課題、品質を管理している。システムがあらかじめ定めた期限内に適切な品質水準を確保するためには、これらの管理が非常に重要であることから、最低限、次のような管理を実施していることが望まれる。
①　進捗管理サイクルおよび進捗管理資料を決め、これに基づき実施

② 開発工程のなかで発生した業務要件の相違や不十分さ等のペンディング事項について一覧管理し、解決管理を実施（進捗会議で確認するのが一般的）

③ 工程単位（設計工程、製造工程、結合テスト工程、総合テスト工程[13]）の品質管理に関する基準の提示と外部委託先からの報告受領

d　開発工程における金融機関の関与

開発を外部委託している場合、すべての開発を外部委託先だけで実施した場合には、金融機関の想定している要件と異なるシステムができあがってしまうリスクがある。

このような潜在リスクを低減するためのコントロール例としては、次のような事例が考えられる。

① 業務要件書の作成・提示（場合により、説明が必要）
② 概要設計書のレビュー（レビュー結果の記録が必要）
③ テスト計画やテスト項目のレビュー（レビュー結果の記録が必要）
④ ユーザ検証（UAT）、あるいは総合テスト項目の作成・実施（外部委託先が実施したテスト結果の検証で代替することもありうる）
⑤ リリースの事前承認（承認証跡が必要）
⑥ リリース後の結果確認（外部委託先が実施した結果確認資料の受領・確認で代替可）

e　障害時等におけるリモート対応実施時の管理

障害時等におけるリモート対応は運用工程に含まれると考えられるが、金融機関のサイト外から本番環境へアクセスして対応するものであり、厳正な

---

[13] 総合テストについては、実施要否の基準を明確にしたうえで実施するものであり、すべての開発案件について総合テストが必要であることを意味するものではないので注意すること。

管理が必要となることから、次にコントロール例を記載する。
① 常時接続はしない
② リモート対応時の申請・承認の実施
③ リモート対応結果の報告を文書で受領（担当者（作業者）に加えて作業内容を検証した管理者の承認）
④ リモート対応用のユーザIDを外部委託先用に別途準備し、パスワード（使用後変更要）とともにつど提供しているか。また、更新可能ユーザIDと参照のみ可能なユーザID（管理レベルが低くてよい14）を準備・提供する等効果的・効率的な対応の実施
⑤ 個人情報等重要情報を有するシステムへのアクセスの場合、リモートサイトでアクセス可能な端末が限定され、該当端末には記憶媒体装置をつけない、およびプリンタ接続をしない対応の実施
⑥ 該当ユーザIDのアクセス履歴を検証

> **ポイント**
> ● 外部委託管理を対象としたシステム内部監査では、外部へ委託した業務に係るシステムリスクについては委託元で管理する必要があることを理解することが重要
> ● 外部委託管理を対象としたシステム内部監査の対象領域は、外部委託の準備段階と外部委託業務の管理段階との二つが存在することを理解することが重要
> ● 外部委託業務の管理段階を対象とするシステム内部監査においては、外部委託先では自社で当該業務を実施する場合と同等のシステムリスクが発生していることを前提とすることが重要

---

14 障害原因の調査等で参照のみ可能なユーザIDを提供する場合は本番環境のプログラム・データが改変されるリスクがないため管理レベルは低くてもよいが、個人情報等重要情報を有するシステムの場合は、情報漏えいリスクを考慮する必要があるため注意すること。

6 システム障害管理・対策

　システム障害には、システムの全面ダウンなど顧客へ大きな影響を及ぼすものもあれば、金融機関内部のみに影響を及ぼす障害もあり、その影響度合いはさまざまである。また、システム障害の原因についても、ハードウェアの障害、OS・ミドルウェアの障害、プログラムのバグ、オペレーションミスなど、その原因は多岐にわたる。

　金融機関にとっては、このように多岐にわたるシステム障害について、その影響度合い（リスク）をふまえ、それぞれ適切な予防対策を講じ、障害を極力発生させないことがきわめて重要であるといえる。

　一方で、どれだけ予防対策を講じたとしても、システム障害の発生可能性をゼロにすることは現実的には不可能である以上、障害発生時に早期に発見・復旧し、業務への影響を最小限に抑える対策を行うことも同様に重要であると考えられる。

　このように多岐にわたるシステム障害の対策を効果的に行うためには、システム障害を適切に管理する仕組み（システム障害管理）が必要であると考えられる。「6」ではまずはじめに、この「システム障害管理」（同領域でのシステム監査を含む）における主要な観点について整理し、その後で、具体的な「システム障害対策」の例や観点について触れることにしたい。

(1) システム障害管理

　「システム障害管理」は、そのフェーズを「a　障害の報告」「b　障害の記録」「c　障害の傾向分析」の三つに分類することができる。この三つのフェーズは、相互に密接に関連しているため、ある意味明確に区別することはできないが、ここではわかりやすく整理するため、便宜上この三つの

フェーズに分けて説明していきたい。

a　障害の報告

システム障害には、システム利用部門により検知される障害と、システム運用部門（利用部門や開発担当者が運用している場合を含む）により検知される障害が考えられる。障害検知部署がどこであっても、システム障害の影響拡大を最小限に抑え、責任者の判断に基づく復旧対応を迅速に行うためには、次の観点を明確にした障害の報告態勢・ルールを整備しておくことが肝要であると考えられる。

(a)　報告先（および報告ルート）の明確化

適切な障害報告態勢を整備するには、障害検知部署に応じた報告ルートを明確にしておく必要があると考えられる。また、障害報告態勢の実効性を考えた場合には、障害の影響度合いを考慮した障害ランク別の報告先をあらかじめ定めておくことが肝要である。一定以上の障害ランク（影響度合いが大きい）の場合は、システム担当執行役員まで報告することとし、それ以外の相対的に影響度合いが小さい障害については、システム部門長までの報告とするといった具合である。

休日・夜間に障害が発生した場合や報告先の部長等と連絡がつかない場合や、休暇の場合を考慮して代替報告先について明確にしておくことも肝要である。また、関係各部への連絡についてもあわせて明確にしておくことが適切である。

(b)　報告タイミング（および報告手段）の明確化

報告先の明確化に加えて、報告タイミングを明確化することも実効性のある障害報告態勢を整備するうえでは肝要である。特に、休日や夜間に障害を検知した場合の報告タイミングは明確にしておく必要がある。具体的には、障害ランクに応じて、たとえ夜間であっても即時に報告する場合と翌朝に報告すればいい場合を切り分け、その切分け基準を明確にしておくといったこ

とがあげられる。その際、電話での報告、電子メールでの報告、障害記録票等の書面による報告といった報告手段や関係各部への連絡タイミングについてもあわせて整理しておくことが有用である。

また、障害に関する報告のタイミングは、障害を検知したとき（障害発生時）だけではない。責任者が障害対応に係る指示を適切に行うためには、障害対応の状況を適切なタイミングで（障害発生時だけに限らず）責任者へ報告することが肝要である。具体的には、次のようなタイミングが考えられる。

【報告タイミングの例】
① 障害発生時
② 障害の影響範囲判明時
③ 障害原因判明時
④ 暫定対応実施時（実施の承認）
⑤ 本格対応実施時（実施の承認）
⑥ 再発防止策実施時（実施の承認）
⑦ 上記にかかわらず、一定時間経過ごと（定期報告）

各金融機関の組織体制やシステムの開発・運営の実態に即した報告タイミングを設定するには、各タイミングで責任者に報告する目的を検討することが肝要である。たとえば、図表4－9のような整理が考えられる。

(c) **障害ランクの判定基準の明確化**

既述のとおり、報告先や報告タイミングを明確化するうえでは、障害の影響度合いを考慮することが肝要だが、そのためには障害ランクの判断基準を各金融機関の実態を考慮したうえであらかじめ可能な限り具体的に定義しておく必要がある。この点はとかくあいまいになりがちだが、そうすると障害の検知者や報告ルート途上の管理者の主観によって障害ランクの判定結果が左右されてしまう可能性があり、障害ランクの判定結果が本来のリスクレベルと乖離し、障害報告態勢／リスク管理態勢の実効性が伴わなくなることが

図表4－9　各報告タイミングにおける報告目的の整理例

報告タイミング	責任者への報告目的（例）
障害発生時	顧客影響があることが明らかな場合に、障害が発生したことを責任者へ報告することが目的。障害の事象、障害の影響をわかる範囲で報告する。
障害の影響範囲判明時	障害の影響範囲を責任者へ報告することが目的。なお、顧客影響がない障害の場合、このタイミングでの責任者への報告は不要。
障害原因判明時	障害原因を責任者へ報告し、復旧対応に係る指示を受けることが目的。なお、顧客影響がない障害の場合、このタイミングでの責任者への報告は不要。
暫定対応実施時	暫定対応の対応案を責任者に報告し、実施の承認を得ることが目的。
本格対応実施時	本格対応の対応案を責任者に報告し、実施の承認を得ることが目的。
再発防止策実施時	再発防止策の対応案を責任者に報告し、実施の承認を得ることが目的。
一定時間経過ごと	障害対応状況を報告することが目的。不特定多数の顧客に影響する障害のうち、責任者から指示があった障害について、本報告を行う。

懸念される。

　たとえば、本来のリスクレベル（障害の影響度合い）からするとシステム部門長へ即時に報告されるべき障害の報告が担当システムの管理者止まりとなってしまい、関連各部への連絡の遅れにより適切な広報対応や顧客対応が迅速にとれないようなケースが考えられる。

　なお、障害ランクの定義内容を極力具体化し、客観的な判定基準を明確化するといっても限界があり、最終的にはどうしても個人の判断に委ねられる部分が出てきてしまうかもしれない。その場合（障害ランクを客観的に判定できず、判断が入らざるをえない場合）には、障害ランクを適切に判定できる責

図表4−10　障害ランクの判定基準の具体化例

障害ランク	定　義	具体例
5	多数の顧客にきわめて重大な影響を及ぼす障害 または 資金決済業務に重大な影響を及ぼす障害	・基幹システムの全面ダウン ・重要業務として位置づけられ、被災後2時間以内の業務復旧を目標とする業務（優先業務A）に影響のあるもの ・資金決済業務の長時間の停止 ・訴訟のおそれのあるもの ・金融庁等監督官庁へ報告が必要なもの ・マスコミ報道されるもの　等
4	一部の顧客に重大な影響を及ぼす障害 または 資金決済業務に軽微な影響を及ぼす障害	・基幹システムの一部サービス停止（影響を受ける顧客は限定的） ・重要業務として位置づけられ、被災当日中の業務復旧を目標とする業務（優先業務B）に影響のあるもの ・資金決済業務の短時間の停止　等
3	一部の顧客に軽微な影響を及ぼす障害 または 社内利用部門に重大な影響を及ぼす障害	・情報系システムの一部サービス停止 ・基幹システムのきわめて短時間のダウン（影響を受ける顧客はきわめて限定的かつ軽微） ・被災後、2〜3日以内の業務復旧を目標とする業務（優先業務C）に影響のあるもの ・多数の営業店業務に影響のあるもの ・きわめて短時間の回線障害　等
2	社内利用部門への影響が軽微な障害	・情報系システムのきわめて短時間のサービス停止 ・被災後、1週間以内の業務復旧を目標とする業務（優先業務D）に影響のあるもの ・社内で利用される出力帳票上の軽微な不備 ・特定の本部、または一部の営業店業務にのみ影響のあるもの（かつ影響を受ける業務の優先度が相対的に高くない場合）　等
1	システム部門内に影響が限定される障害	・システム運用部門にて早期に検知し、本番運用に影響を与えなかったもの ・障害事象が顕在化する前に未然に防いだもの　等

任者(有識者)までは必ず報告することとし、たとえば、特定のエラーメッセージやアラームが出た場合(対応方法が確立できており、影響が軽微なもの)のみ責任者までの報告を不要(あるいは、事後報告で可)とするなど、報告態勢面での考慮が求められる。

障害ランクの定義に際し、金融機関では、障害ランクを4～5段階に分類している事例がよく見受けられる。障害ランクの判定基準の具体化例を図表4－10に示したので、参考にしてほしい。

システム監査において、障害の報告態勢を監査対象領域とした場合には、上記のような観点について考慮することが有用であると考えられる。システム内部監査上のポイントをまとめると、次のとおりである。

【システム内部監査上のポイント】
① 障害を検知した場合の報告先および報告ルートは明確になっているか(障害検知部署別／障害ランク別／休日・夜間時／代替報告先)
② 報告タイミングおよび報告手段は明確になっているか(障害ランク別／休日・夜間時／複数回の報告タイミング)
③ 障害ランクの判定基準は明確になっているか(具体的・客観的／判定者の妥当性)

b 障害の記録

システム障害を適切に管理するためには、システム障害に関する情報を障害記録票等に適切に記録することが肝要であると考えられる。それでは、障害記録票にはどのような情報を記載すべきなのか。障害記録票に記載すべき情報について考える前に、まずは障害記録票を作成する目的を整理してみたい。

【障害記録票を作成する目的】
① 責任者への報告……責任者が障害対応に係る指示を行うのに必要な情報を提供するため

② 関係者への報告……顧客からの問合せ、システムの復旧メド等、関係者が必要な情報を提供するため
③ 暫定対応・本格対応の記録……暫定対応・本格対応の妥当性について、関係者間で協議するため
④ 再発防止策の記録……再発防止策の妥当性について、関係者間で協議するため
⑤ 障害傾向分析……障害の発生状況や障害原因等の傾向分析を行い、障害低減策の検討や再発防止策の見直しの材料とするため

このような障害記録票の作成目的をふまえると、障害記録票には、次のような情報を記載することが適切であると考えられる。

【障害記録票に記載する項目例】
① 障害発生日時
② 障害検知（発見）部署
③ システム名
④ 障害事象
⑤ 障害ランク
⑥ 影響範囲
⑦ バグを埋め込んだ案件名
⑧ 不良プログラム名
⑨ 工程区分
⑩ 初期障害（リリース後1年未満のプログラム不良）か潜在障害か（上記⑦バグを埋め込んだ案件のリリース時期）
⑪ 障害原因区分
⑫ 障害原因
⑬ 暫定対応内容
⑭ 本格対応内容
⑮ 再発防止策

上記の項目のうち、「⑥　影響範囲」「⑨　工程区分」「⑪　障害原因区分」「⑫　障害原因」「⑮　再発防止策」について、記載する内容および記載上の留意点を次に記載する。

「⑥　影響範囲」

影響を受ける対象先（顧客影響の有無、対象店等）、影響を受ける対象件数（店舗数、顧客数、口座数等）、影響を受ける取引およびその内容等について記載する。

　（記載例）
　　i　顧客影響の有無：有
　　ii　対象先数等：店舗数3カ店（A支店、B支店、C支店）、口座数：ｘｘ口座
　　iii　影響内容：ｘｘ月ｘｘ日に実施した店舗統廃合対応にて、口座番号の読替えを行った普通預金口座（転出店口座）について、ATMでの入出金取引が不能となる。

「⑨　工程区分」

障害が、どの工程（作業）でつくりこまれたかを障害傾向分析等で把握するために使用する項目である。次のような区分をあらかじめ設定しておき、選択する運用が一般的である。

　（工程区分の例）
　　i　要件定義工程
　　ii　設計工程
　　iii　製造工程
　　iv　定期リリース作業
　　v　臨時リリース作業
　　vi　本番データ修正作業
　　vii　本番環境（ハードウェア）変更作業
　　viii　本番環境（OS・ミドルウェア）変更作業

 ix その他

「⑪　障害原因区分」

 障害がつくりこまれた原因を障害傾向分析等で把握するために使用する項目である。次のような区分をあらかじめ設定しておき、選択する運用が一般的である。

 （障害原因区分の例）

  i 業務知識不足
  ii 技術的知識不足
  iii パッケージの不具合
  iv ハードウェア障害
  v OS、ミドルウェアの不具合
  vi 手続違反
  vii 手順書の不備
  viii 不注意によるミス
  ix ユーザ起因
  x その他

「⑫　障害原因」

 障害原因は、「プログラムの判定条件が誤っていたため」といった直接原因だけではなく、なぜその直接原因が起きたのかまで踏み込んだ根本原因（真の原因）についても記載する。根本原因には、たとえば次のようなものが考えられる。

 （根本原因の例）

  i 開発リソースが不十分
  ii 業務知識不足
  iii ユーザからの仕様提示遅延
  iv ドキュメントの記載もれ、不備
  v 開発スケジュールや工数の見積りミス

vi　有識者によるレビュー時間が不十分　等

　根本原因は、追究しようと思えばどこまででも追究できるという側面もあるため（たとえば、全社的な組織体制面での課題等にまで踏み込んで追究することも可能かもしれない）、一つの個別システムの障害においてどこまで踏み込んで原因分析を行うかは実際にはむずかしい面もあるが、少なくとも実効性のある再発防止策を検討できる程度までは踏み込んで原因分析を行うことが肝要であると考えられる。

　たとえば、図表4－11のような「なぜなぜ分析」により障害の根本原因を分析する方法が、一つのやり方として考えられる。

>　プログラムのバグが障害の直接原因の場合は、通常、つくりこみの工程（要件定義工程・設計工程・製造工程）における原因と検出工程（テスト工程）における原因があるはずであり、双方の工程における原因について記載する。
>
>　障害によっては、つくりこみの工程ではバグのつくりこみを回避することは現実的には困難なケースもあり、そのようなケースでも相応のテストさえ実施していればバグは発見できた可能性が高かったにもかかわらず、十分なテストを実施しなかったために障害が発生してしまうケースも考えられる（テスト密度が低いケース）。このような障害について、つくりこみの工程のみにフォーカスして障害原因の分析を行ってしまうと、バグのつくりこみを回避することが実際にはむずかしいため、実効性のある再発防止策を講じることができなくなる可能性がある。
>
>　一方、つくりこみ時点のプログラムの品質が極端に悪く、品質面でテスト工程に大きく依存してしまっているようなケース（バグ検出密度が高いケース。実際にはテストでカバーしきれず、障害が起きてしまうケース）では、テスト工程のみにフォーカスして障害原因の分析を行うとテスト効率が悪化してしまうため、まず第一につくりこみ工程における原因分

図表4－11 「なぜなぜ分析」による障害原因分析の例

```
┌─────────────────────────────┐
│ なぜプログラムのバグが発生したのか。 │
└─────────────┬───────────────┘
              ↓
┌─────────────────────────────┐    ┌─────────────────────────────┐
│ テストケースを担当Aが作成したが、│    │ なぜ当該取引のテストケースの作成が│
│ 障害の原因となった取引のテストケー├──→│ もれたのか。                    │
│ スの作成がもれていた。           │    │                              │
└─────────────┬───────────────┘    └─────────────┬───────────────┘
              ↓                                  ↓
┌─────────────────────────────┐    ┌─────────────────────────────┐
│ 当該取引は、複数の条件が重なった際│    │ システム部門の慣習として、通常、業│
│ に発生する特殊なものであり、相当程│    │ 務に精通しているチームリーダーがテ│
│ 度、業務に精通していないと当該取引│    │ ストケースのレビューを行うが、当該│
│ が発生することを想定できなかった。│    │ 開発においてはレビューを省略した。│
└─────────────┬───────────────┘    └─────────────┬───────────────┘
              ↓                                  ↓
┌─────────────────────────────┐    ┌─────────────────────────────┐
│ なぜ、担当者Aは業務に精通していな│    │ なぜ、チームリーダーはレビューを省│
│ かったのか。                    │    │ 略したのか。                    │
└─────────────┬───────────────┘    └─────────────┬───────────────┘
              ↓                                  ↓
┌───────────────┐┌───────────────┐┌───────────────┐
│担当者Aは、入社1年││チームリーダーのレビ││当該開発のスケジュー│
│目であり、現在、当社││ューは慣例で実施して││ルに遅延が発生し、│
│の研修計画に従い業務││いるものであり、規程││チームリーダーもプロ│
│知識を習得中であるた││等で定めている運用で││グラム開発を行った。│
│め、十分な業務知識は││はない。           ││チームリーダーは担当│
│今後習得することとな││                  ││するプログラム開発を│
│る。               ││                  ││優先し、レビューを実│
│                  ││                  ││施することができなか│
│                  ││                  ││った。             │
└───────────────┘└───────────────┘└───────────────┘
```

析を行うことがより効率的であると考えられる。

　以上の理由から、つくりこみ工程とテスト工程の双方にフォーカスして原因分析を行うことが有用であると考えられる。

　上記のとおり、障害原因の分析はさまざまな角度から多面的に行うことが有用であると考えられる。

　障害原因の分析は、障害の暫定対応や本格対応の方針検討・決定のう

えで必要なだけでなく、後述する再発防止策の検討にも直結する作業であり、実効性のあるシステム障害管理を実現するうえでは肝となる特に重要な作業といえる。

　障害の暫定対応や本格対応を検討するうえでは直接原因の分析だけで十分なケースも多いが、有効な再発防止策を講じるためには、直接原因の分析だけでは十分でなく、根本原因の分析が重要であると考えられる。言い換えると、直接原因の分析は、影響範囲の調査・暫定対応の検討・本格対応の検討に結びつき、根本原因の分析は、再発防止策の検討に結びつく（直接原因の分析も関係はするが）ともいえる。

「⑮　再発防止策」
　再発防止策は、次の点に考慮して記載する。
▶原則として、障害原因に対応していること
▶実効性が見込まれること
▶発生した障害そのものの再発を防止するだけでなく、同様の原因で発生する障害も防止できること
　上記の考慮点について、もう少し詳しく順に確認していきたい。
▶原則として、障害原因に対応していること
　再発防止策は、障害原因となった事象の発生を防止するため、あるいは同事象による影響を極小化するための対策であることから、通常は、障害原因をもとにして検討することになる。
　障害原因の分析は既述のとおり、直接原因・根本原因／つくりこみ工程の原因・テスト工程の原因と多面的に行うため、これらの原因に対応する複数の再発防止策について検討することが適切であると考えられる。
　再発防止策は、一つの障害事象に対して必ずしも一つである必要はなく、検討の結果、有効な再発防止策であれば、障害記録票に複数の再発防止策を記載することも有用であると考えられる。

▶実効性が見込まれること

　「実効性」、つまり「実際に再発防止の効果がある」ことが見込まれなければ、それはかたちだけの再発防止策であり、無意味といえる。場合によっては、無意味だけでは済まず、無駄な作業を強いるような事態にもなりかねない。

　それでは、「実効性」のある再発防止策を講じるには、どのようにしたらいいのだろうか。それには、次の点について考慮することが有用であると考えられる。

・具体的であること

　たとえば、「テストケース作成時に検証を徹底する」という一見よくありがちな再発防止策だが、具体的にどのように徹底するのかが記載されておらず、このような再発防止策は形骸化する可能性が高いと考えられる。

　また、この例の再発防止策は、実施していることを事後検証することが困難である（言い換えれば、検証を徹底していなくてもわからない）。このように、事後検証が困難な再発防止策は、具体的でないことが多く（具体的でないから検証できないともいえる）、定着する可能性も低いと考えられ、実効性に懸念がある。事後検証可能な具体的な再発防止策の例を、次に記載する。

① テストケースチェックシートに検証印欄を設け、テストケース作成時の検証を徹底する。
② オンラインデータとバッチデータの両方が存在する場合のテストケースが漏れないよう、テストケースチェックシートに同チェック項目を追加する。
③ 障害事例集を新たに作成し、今後障害事例を追加した場合は、チーム内勉強会を開催する。

・極端に負担感が大きくないこと

　たとえば、ある障害の再発防止策として、膨大なパターンを網羅したテストケースを実施することとし、その膨大なテスト結果は目視で検証しなけれ

ばならないとする。このような再発防止策を今後ずっと実施し続けていくことがはたして可能だろうか。

あまりにも膨大な作業量を伴うような再発防止策は、結局は実運用に耐えられなくなり、検証者が実際には検証していないのに検証印だけ押印するといった事態にもなりかねない。

「木の葉を隠すなら森の中」ではないが、特に検証を伴う作業については、作業量（検証量）が多すぎると、不具合を発見することが事実上困難になり、結局は何もしないことと同じ結果になってしまいかねない。

・つくりこみ工程とテスト工程の双方について検討していること

「⑫　障害原因」のところでも触れたが、障害の内容によっては、つくりこみ工程における再発防止策とテスト工程における再発防止策のどちらかがあまり効果的でない場合もありうる。

通常、バグ検出密度が高いケースでは、つくりこみ工程での品質が低いといえることから、つくりこみ工程における再発防止策を重点的に検討するほうが効果的であると考えられる。また、テスト密度が低いケースでは、プログラムの修正規模に比べ十分なテストを実施していないといえるため、テスト工程における再発防止策を重点的に検討するほうがより効果的である可能性が高いと考えられる。

したがって、システムの特性等によっては、こうした品質管理の指標値（バグ検出密度・テスト密度）を参考にして、より効果的な再発防止策を検討することも有用であると考えられる。

・「予防対策」「発見対策」「回復対策」について検討していること

再発防止策は、通常、障害原因となった事象の発生を防止するための対策を第一に検討するため、一般的には「予防対策」が多くなる傾向がある。しかしながら、品質管理を含む開発工程管理態勢がすでに十分高度化されていたり、これまでに有効な再発防止策（予防対策）が十分講じられているような金融機関については、十分品質の高いシステムがリリースされる態勢がす

第4章　監査対象領域ごとのポイント・留意事項　159

でに構築されているため、負担感に比べて効果的な「予防対策」を講じる余地が少なくなってきているケースが考えられる。

システム障害はどれだけ予防対策を講じたとしても、障害発生を完全になくすことは現実的には不可能といえる。

したがって、障害の未然防止への取組みだけにとどまらず、障害は少なからず発生してしまうことを前提に、障害影響による二次的な不具合や影響範囲の極小化といった観点から「発見対策」や「回復対策」についても検討することが有用であると考えられる。特に上記のようにすでに品質管理の水準が十分高い金融機関については、その効果は大きいと考えられる。

▶発生した障害そのものの再発を防止するだけでなく、同様の原因で発生する障害も防止できること

「発生した障害そのものの再発を防止する」ということは、まったく同じ直接原因への対処であり、それは再発防止策ではなく本格対応そのものだといえる。

一方、「同様の原因で発生する障害も防止できる」対策とは、根本原因に対応した再発防止策であり、類似した直接原因で発生する障害も防止できる対策であるといえる。

再発防止策の検討にあたっては、根本原因や類似した直接原因について十分考慮することが肝要であると考えられる。

障害記録票の作成目的をふまえると、障害記録票には上記のような項目（障害記録票に記載する項目例①～⑮）が記載されることが適切であると考えられる。そのためには、これらの項目の記載漏れがないよう、障害記録票の書式によって担保するといった工夫も有用である。また、どの項目にはどのような内容のことをどのレベルで記載するのか、という点についても明確にしておくことが肝要である。特に、「影響範囲」「障害原因」「再発防止策」については、記載内容にバラツキがみられる傾向があり、必要に応じてガイドラインや標準化ルールを策定し、システムリスク統括管理部門や監査部門

が当該ガイドラインへの準拠状況をチェックするといった取組みも有用である。

障害記録票の記載事項は、後述する障害傾向分析を行ううえで基礎となる情報であり、障害記録票の記載内容の質によって、有効な障害対策を講じることができるかどうかが左右されるといっても過言ではない。

システム内部監査において、障害の記録、障害原因の分析、再発防止策の検討について監査対象領域とした場合には、上記のような観点を考慮することが有用であると考えられる。システム内部監査上のポイントについては、次に記載する「障害の傾向分析」の領域にてあわせて整理したい。

c 障害の傾向分析

障害傾向分析は、一般的には、金融機関内で発生している障害の傾向を分析することで、多くの障害の発生原因となっている領域を特定し、当該領域に対する障害削減のための改善計画を立案する目的で実施する。このような活動により、効率的に障害削減を行えることが期待できるため、システム障害管理に関する非常に重要な取組みであるといえる。

たとえば、障害が発生する原因として、システム開発の設計工程に係る事象が多ければ、システム開発の設計工程に焦点をあわせた改善計画を策定するといった対応を行う。

障害傾向分析の切り口としては、「システム別」「工程区分別」「障害原因区分別」に分析を行う方法が考えられる。たとえば、図表4－12のような集計を行い、障害発生件数の多い領域に対する改善対策を立案する。

図表4－12の分析結果の場合、たとえば、次のような改善計画を立案することが考えられる。

① 設計工程の品質管理方法等、手続全般の見直し
② 業務知識向上のための研修体系の見直し

また、「システム別」や「障害原因区分別」の障害発生件数の推移状況を

図表 4-12　障害傾向分析結果の例

システム名	工程区分											障害原因区分										
	要件定義工程	設計工程	製造工程	テスト工程	定期リリース	臨時リリース	本番データ修正	ハード変更	OS等変更	その他	計	業務知識不足	技術的知識不足	パッケージ不具合	OS等不具合	ハード障害	手続違反	手順書の不備	不注意によるミス	ユーザ起因	その他	計
A	3	4	1	1			1				10	2		5								10
B	2	11		3		1		1		1	19	13		2		1		1	1		1	19
C	1	24	2		1				1		29	22	4		1		1			1		29
D		14				2	1			1	19	15				1		1				19
E	1	3	2	2					1		9	2		3		1				1	2	9
計	7	56	5	6	1	3	2	2	1	3	86	54	9	10	1	3	1	1	1	2	2	3	86

時系列にみることも、障害傾向の把握に有用なアプローチであると考えられる。

　なお、障害傾向分析は、半期ごとまたは１年ごとに実施している事例が多く、その分析結果は経営へ報告するのが一般的である。また、一般的な障害傾向分析の範囲からは外れるが、前述の「障害原因の分析」「再発防止策の検討」に関して、大局的な観点から分析を行う、次のような取組みも有用であると考えられるので紹介する。

┌─［障害原因・再発防止策等に関する分析の観点例］────────
│① 　障害記録票に記載されている障害原因（または、再発防止策）について、つくりこみ工程における原因（または、再発防止策）とテスト工程における原因（または、再発防止策）の比率を分析し、どちらかに極端に偏っているようなことがないかを確かめる。また、開発チームや対象システムごとの当該比率に極端なバラツキがみられる場合は、その理由を確かめるというアプローチも考えられる。
│② 　障害記録票に記載されている再発防止策について、「予防対策」「発

見対策」「回復対策」の比率を分析し、極端な偏りがないかを確かめる。また、開発チームや対象システムごとの当該比率に極端なバラツキがみられる場合は、その理由を確かめるというアプローチも考えられる。
③　過去に発生した障害と同様の障害が、再発・多発していないか、という観点から分析を行う。
④　対象システムや開発チームにかかわらず有効であると考えられる再発防止策について、他の開発チームへの横展開状況を確かめる。

　システム内部監査において、障害の傾向分析を監査対象領域とする場合には、上記のような観点について考慮することが有用であると考えられる。
　障害の記録、障害原因の分析、再発防止策の検討、障害の傾向分析について、システム内部監査上のポイントをまとめると、次のとおりである。
【システム内部監査上のポイント】
①　障害記録票には、その作成目的をふまえた必要な情報が記載されているか（障害傾向分析に必要な情報／障害記録票の様式）
②　障害記録票の記載内容は妥当か（特に、影響範囲／障害原因／再発防止策）
③　障害原因は、直接原因だけでなく、根本原因にまで踏み込んで分析されているか
④　障害原因の分析は、つくりこみ工程の原因とテスト工程の原因の双方について行われているか
⑤　再発防止策は、事後検証可能な具体的な内容となっているか（監査部門による再発防止策実施状況のフォローアップも有用）
⑥　再発防止策は、さまざまな角度から検討されているか（つくりこみ工程・テスト工程／予防対策・発見対策・回復対策／根本原因の考慮）
⑦　障害傾向分析のアプローチは適切か

⑧ 障害傾向分析の結果をふまえた、改善対策を立案し、実行しているか
⑨ 障害傾向分析を定期的に実施し、経営へ報告しているか
⑩ 過去に発生した障害と同様の障害が、再発・多発していないか
⑪ 対象システムや開発チームにかかわらず有効と考えられる再発防止策について、他の開発チームへの横展開を行っているか

(2) システム障害対策

「システム障害対策」と一言でいっても、さまざまな方法が考えられるが、大きく「予防対策」「発見対策」「回復対策」の三つに分類することができる。ここでは、まずはじめにこの三つの対策の概要について整理したい。

a 予防・発見・回復対策の概要

(a) 予防対策

システム障害の発生を未然に防止するための対策である。システム障害の「予防対策の例」には、次のようなものがある。

① ハードウェアの定期的な保守点検
② ハードウェアの耐用期限管理
③ OS、ミドルウェア等の定期的なパッチ適用、バージョンアップ
④ リソース、パフォーマンスの測定、評価
⑤ 各種システム制限値のモニタリング、定期的な見直し
⑥ 定期的な事務量のモニタリング
⑦ 開発工程における品質管理強化　等

(b) 発見対策

システム障害が発生した場合に、早期に発見するための対策である。システム障害を早期に発見することで、迅速な復旧対応を行うことが可能となり、システム障害の影響拡大を最小限に抑えることがねらいである。

システム障害は、どれだけ「予防対策」を講じたとしても、その発生を完

全に防止することは現実的には不可能であることを考えると、「発見対策」は後述の「回復対策」とともに非常に重要であるといえる。

システム障害の「発見対策の例」には、次のようなものがある。
① 機器稼働状況監視
② エラー／警告メッセージの監視
③ システムログ、作業ログ等の取得、確認
④ 処理件数、元帳整合性等の照合／検証機能の強化
⑤ 本番稼働確認　等

(c) 回復対策

システム障害が発生した場合に、早期に復旧させるための対策である。また、障害の影響拡大を防止するための対策も回復対策に含まれる。システム障害の「回復対策の例」には、次のようなものがある。
① 機器、回線の冗長化
② バックアップ機器の保有
③ オフサイトバックアップシステムの保有
④ データ、システムのバックアップ
⑤ 各種復旧対応手順書等の整備
⑥ 復旧対応要員の確保
⑦ 業務閉塞／縮退機能の構築
⑧ 顧客対応、広報対応の準備
⑨ リスクシナリオごとの障害対応訓練の実施　等

続いて、もう少し具体的な「システム障害対策」の例を紹介したい。

ここでは、影響の大きい（顧客影響も含めて）システムダウンにつながる可能性のある障害を中心に、主要な障害パターンとその対策例について整理する。

b 主要な障害パターンおよびその対策例

(a) ハードウェア故障（メモリ故障）に起因する障害

【概要・影響度等】

　ハードウェア故障（メモリ故障）については、故障が発生する箇所により影響度合いが大きく異なるが、通常はファームウェアで故障発生を検知し、リカバリ機能（故障メモリを使用せず、代替メモリを自動的に使用する機能）で対応されるため、表面化する可能性はほとんどないと考えられる。

【障害対策例】

　念のため、メモリ故障時のリカバリ機能の有無および限界（リカバリされないケース）について、確認しておく。

(b) ハードウェア故障（ディスク故障）に起因する障害

【概要・影響度等】

　基幹系（勘定系）システムのオンラインで使用するディスクは、一般的に論理二重化・物理四重化あるいは物理二重化されているものが多く、この場合はハードウェア故障時の直接的な影響は発生しないと想定される。

　ただし、夜間バッチで作成し、オンラインで参照しているファイルを実装しているディスクの場合には二重化されていない可能性がある。この場合には、ハードウェア故障（ディスク故障）に伴い、当該ファイルを参照する取引がエラーとなる障害が発現する可能性がある。

【障害対策例】

① オンラインで使用されているファイルが実装されているディスクについて、二重化／四重化の状況をすべて確認しておく。

② 二重化されているディスクであっても故障中の時間はリスクが高くなっており、故障時間短縮化のために障害対応（一般的にはディスクの交換で対応）が迅速に行われる保守契約となっているかを確認しておく。

③ 二重化未済のディスクに実装されているファイル故障時は該当ファイル

を参照する取引ができなくなるため、取引エラーの範囲や該当取引の重要度に応じて、次の予防対策を講じる。

i 業務上該当ファイルを参照する取引の重要性が高い場合（許容停止時間がほとんどない場合）

・ディスクの二重化を行う。

ii 業務上該当ファイルを参照する取引の重要性がiほど高くない場合（たとえば、許容停止時間が数時間程度の場合）

・別ディスクを準備し、前日最終のバッチファイルから取り込むリカバリ手順をドキュメント化し、定期的に訓練を実施する。

・リカバリ作業時間と許容停止時間の整合性について、検証しておく。

iii 業務上該当ファイルを参照する取引の重要性が低い場合（たとえば、翌日までに対応できればよい場合）

・故障ディスクを修復し、当日バッチ終了後にバッチファイルから取り込むリカバリ手順をドキュメント化し、定期的に訓練を実施する。

(c) **メーカー提供のソフトウェア故障に起因する障害**

【概要・影響度等】

オペレーティング・システム等のメーカーが提供するソフトウェアの故障に起因する障害が発生した場合、原因究明（基本的にはメーカーエンジニアによる）、影響確認、対策の実施に時間を要する可能性が高いと考えられ、システムダウンが長時間化することも懸念される。

【障害対策例】

① 各ソフトウェア提供メーカーとの連絡・連携体制を最新化するとともに、金融機関内の緊急対応体制時の役割分担を明確化しておく。

② メーカーとの協議・対応検討体制・検討方法、システムログ等からの情報収集方法等を明確にした障害対策計画を作成する。

③ 予防保守目的等でソフトウェアを変更する場合、メーカーから十分な説明を受けたうえで、アプリケーションを含めた十分なテストを実施する。

また、ソフトウェアに係る変更手続および承認手続において、当該テストの実施に関して明確にしておく。

④ 障害訓練対象を明確化し（訓練実施サイクルも含めて）、対象障害訓練を実施するための障害訓練計画の作成と訓練実施状況の管理を行う。

(d) アプリケーション故障に起因する障害

【概要・影響度等】

常時プログラム修正を実施している環境下では、アプリケーション起因の障害が発生する可能性は高いといえる。障害を発生させるプログラムにより影響度合いは大きく異なるが、多数の顧客へ影響のある障害を引き起こす可能性もある。また、オンラインプログラムでのループや異常終了が多発すれば、結果としてシステムダウンを引き起こす可能性もあるので、留意する必要がある。

【障害対策例】

① アプリケーション変更時の各工程において、担当者以外の有識者による十分なレビューを実施する。

② 変更以外の部分に対する十分な無影響確認テストを実施する。

③ 変更内容の重要性（業務への影響度合い）および変更対象プログラムの重要性（たとえば、多くの取引を処理するプログラムは、一般的に重要性が高い）を検討し、重要性に応じてレビューやテストの深度を高める。

④ システム開発基準での明確化や開発工程で使用する書式等によって、上記のレビューやテストに関する対応について徹底されるよう担保する。

⑤ 変更案件のリリース前に影響分析を行い、旧バージョンに戻す準備をしておく。

(e) 元帳のデータ不正に起因する障害

【概要・影響度等】

オンラインプログラムの処理不正や本番データ直接修正時の作業ミス等に起因して、元帳が不正な状態（アプリケーションで想定していない口座状態等）

になり、この不正状態をアプリケーションが検知して（検知できず、顧客やシステムの利用部門が発見するケースもある）発現する障害である。影響範囲が限定されるケースと影響範囲が大きいケースと発現の仕方はさまざまである。発生原因が不明なケースが多く、影響拡大を防止するためには、早期検知が重要であると考えられる。

【障害対策例】
① オンライン元帳内・オンライン元帳間の相関チェック等を定期的に実施し、オンライン元帳の不正な状態が発生していないかを検証する仕組みを導入する。
② オンラインプログラムによる処理時に元帳が不正な状態にある可能性を検知した場合に、エラーメッセージを出力する機能を追加し、早期検知を可能とする。
③ 上記によりデータ不正を検知した場合、取引制限あるいは特定業務制限による抑止を行い、影響拡大を防止する機能を追加する。

(f) **システム管理領域の侵害に起因する障害**

【概要・影響度等】
メーカー提供のソフトウェア使用領域をアプリケーション側で不当に侵害（破壊）することにより、システムダウン（全面的なシステムダウンの可能性を含む）や処理不正が引き起こされる場合がある。
一般的には、メーカー提供のソフトウェアにて侵害発生をプロテクトするが、まれにプロテクトされていないケースがある。

【障害対策例】
プロテクトされていない領域がないか、メーカー側に確認しておく。

(g) **システム管理制限値超えに起因する障害（DB／DC関連）**

【概要・影響度等】
システム使用資源（ソフトウェアが利用する、キュー、バッファ数、タスク数等）のサイズや数の定義を超えて当該資源が使用されることにより、障害を

引き起こす場合がある。

　一般的には、メーカー提供のソフトウェアで上限管理され、制限値超えが制御されるが、制限値超えのため処理が続行できなくなるケースもありうる。

【障害対策例】

　制限値超えにより処理が中断する、あるいはレスポンスが悪化する等問題が発現しうる制限値がないか、また該当する場合には使用状況のモニタリングや制限値到達時の対応方法について、メーカー側に確認しておく。

　(h)　システム管理制限値超えに起因する障害（アプリケーション関連）

【概要・影響度等】

　アプリケーションでは、カウンターやキーの桁数・明細数等の制限値を保有している場合があり、一般的には制限値を超えて処理を行わないように制御している。しかしながら、プログラム作成に係る標準化を無視してプログラムを作成しているような場合には、意図せずして制限値を超えてしまい、結果として誤処理を引き起こしたり、他領域（プログラム領域等）を侵害して想定外の処理を引き起こしてしまう可能性もある。他領域侵害時には、該当取引処理では問題が発生せずに、他の取引に影響を与えてしまい、原因究明に時間を要するケースもある。

【障害対策例】

　アプリケーション側で設定している制限値を洗い出し、制限値超えが発生しない制御が行われていること、および制限値超え発生時の処理（通知）が適切に行われるよう考慮されていることを検証しておく。あわせて、制限値の使用状況をモニタリングし、必要に応じて制限値の見直しを行う。

　(i)　オンライン参照テーブル制限値超えに起因する障害（システム関連テーブル類、アプリケーション関連テーブル類)

【概要・影響度等】

　プログラム内／プログラム外にあるテーブル類について、テーブル構成明

細数の制限値を意識せず処理している場合（プログラム作成・変更時の考慮不足による）、意図せずして制限値を超えてしまい、結果として誤処理を引き起こしたり、他領域（プログラム領域等）を侵害して想定外の処理を引き起こしてしまう可能性もある。他領域侵害時には、該当取引処理では問題が発生せずに、他の取引に影響を与えてしまい、原因究明に時間を要するケースもある。

【障害対策例】
① アプリケーション側で使用しているテーブル類を洗い出し、テーブル構成明細数の限界値を超えてテーブル明細を作成、あるいは検索されないよう制御されていることを検証しておく。
② テーブル構成明細数の限界値を超えてテーブル明細を追加しようとする処理が発生した場合、適切なメッセージを出力する機能を追加する。

(j) **処理能力超えに起因する障害**（レスポンスの悪化）

【概要・影響度等】
想定取引量を一時的に超えてしまうことにより、レスポンスが悪化するケースがある。レスポンス悪化（1取引の処理時間の長期化）が発生した場合、原因究明に時間を要することがたびたびある。レスポンス悪化がすぐにシステムダウンにつながるわけではなく、自然に回復するケースも多くあるが、一方でレスポンス悪化に伴い、他の不具合が発現するケースもある。

たとえば、レスポンス悪化に伴い、ATM取引の処理時間が長時間化し、ホスト側からの応答が遅延し、結果としてATM側で管理している規定時間超えとなり、ATM単体がダウンしてしまうケースがある。レスポンス悪化が長時間化すると、多くのATMがダウンする事態を招く可能性もある。

【障害対策例】
① 端末あるいはATM側等でホスト処理時間（ホスト側からの回答電文受信までの時間）を監視し、一定時間経過時はエラー処理とする。エラー結果は端末あるいはATM側に出力するとともに、コンソール等システム運用

を監視する側に表示する。
② 上記エラーメッセージが出力された場合の調査・対応手順をあらかじめ明確にしておく。
③ システム全体でループ状態に陥った場合、上記の対応でも検知できないケースがあると想定されるため、ループ状態に陥っていないことのモニタリングがどのように行われているか、メーカーに確認しておく。

「システム障害対策」の領域におけるシステム監査では、上記のような障害対策例を参考に、障害対策の実施状況を確かめることが有用であると考えられる。

> **ポイント**
> ● システム障害管理は、障害の報告、障害の記録、障害の傾向分析を一体となって行うものであり、システム内部監査では、これらを連携して行う態勢の整備状況を評価することが重要
> ● システム障害対策には予防対策、発見対策、回復対策があり、システム内部監査では実効性のある対策を講じているかどうかを評価することが重要

7 コンティンジェンシープラン

コンティンジェンシープランをテーマとしたシステム内部監査を行うこととなった場合、具体的にどのような項目をチェックしたらよいのか。どこまで掘り下げてチェックしたらよいのか。そもそも実効性あるコンティンジェンシープランとはどのようなものか、といった疑問をもたれた方も多いのではないだろうか。

このうち、コンティンジェンシープランをテーマとしたシステム内部監査上のチェック項目については、参考となる他の基準があるので、そちらへ譲

ることとし、「7」では、効果的なシステム内部監査を行ううえでの参考としていただくために、次の3点について記載する。
(1) 金融機関のコンティンジェンシープラン整備状況と今後の課題
(2) コンティンジェンシープラン整備上の留意事項
(3) コンティンジェンシープランをテーマとした監査ポイント

(1) 金融機関のコンティンジェンシープラン整備状況と今後の課題

これまでシステム外部監査をはじめとした数多くの作業を金融機関に対して実施してきたが、この実績からうかがえる金融機関のコンティンジェンシープランの整備状況の傾向について触れたい。

なお、ここで触れるケースに必ずしも該当しない金融機関もあるので、その旨ご了承願いたい。

a 金融機関のコンティンジェンシープラン整備状況の傾向と課題

多くの金融機関に共通していえる特徴は、次のとおりである。
① 基幹系（勘定系）システムやデータセンター（メインセンター）の被災を想定したものは整備されている。
② 外部の影響（ライフラインや通信回線障害等）を想定した対応策についても検討している。
③ 災害対策本部・連絡体制・災害用備品といったコンティンジェンシープラン整備上の一般的具備要件は充足している。

これらは、金融機関が提供する業務が社会に及ぼす影響が大きいことから、金融機関自ら積極的に取り組んできたこと、当局や業界団体についても積極的な推進を後押ししてきたことの現れでもあると考えられる。

一方、課題としては大きく分けて、次のようなケースが見受けられる。
① リスクシナリオの洗出し・整理が十分ではない。

② リスクシナリオごとの対応方針・計画が金融機関全体として一元的に把握できていない（システム部門とユーザ部門のコンティンジェンシープランにGAPがある等）。
③ 重要なリスクシナリオに関する訓練が十分でない（コンティンジェンシープランの妥当性の検証が未実施）。

b　課題に関する具体的な事例

(a)　リスクシナリオの洗出し・整理が十分ではない

データセンター（メインセンター）以外の拠点が被災するシナリオが想定されていない事例が多く見受けられる。東日本大震災だけでなく、中越沖地震、阪神・淡路大震災においても、銀行のメインセンター被災によるコンティンジェンシープランの発動がなかったように、ほとんどの銀行で整備している「基幹系（勘定系）システムの被災」というリスクシナリオは顕在化していない。

一方、一般的にデータセンター（メインセンター）と比較して、建物の耐震性やロケーションの安全性が劣る本店・本部ビルや集中事務センタービル、あるいは委託先の拠点の被災を想定したリスクシナリオが検討されていないといった金融機関が少なくない。したがって、リスクが高いにもかかわらず、リスクシナリオとして洗い出されていないということになる。

具体的な事例をいつくか記載する。

【事例1】
　勘定系システムのネットワークがデータセンターから本店ビルを介して営業店まで通っているケースで、本店ビル被災（含む停電）の場合に営業店向け勘定系システムのネットワークが不通になるリスク
　このケースにおいても金融機関によって、次のような違いがある。
① このリスクを経営陣まで報告し、（データセンターからダイレクトで

営業店へネットワークを敷設するといった）改善計画が進められているケース
② このリスクはシステム部門だけが認識しており、改善計画が進められているケース（経営陣がリスクと改善計画を認識・承認していない）
③ 一部担当者はこのリスクを認識しているが、改善計画までは明確になっていないケース（数年前まではあったケース、現時点はこのようなケースに該当する金融機関はほとんどないと思われる）

【事例2】
　高い可用性が求められるサブシステム（たとえば、SWIFTサーバー）が本店ビルのみに設置されており、本店ビル被災時に（たとえば、外為決済）業務が停止するリスク

【事例3】
　重要バックアップデータ（たとえば、印鑑照会システム）をサーバーと同一場所（本店ビル、あるいは集中事務センタービル）のみに保管しており、本店ビル被災時に（たとえば、営業店に）過度な事務負担を強いるリスク

【事例4】
　外部委託先に（たとえば、ホームページサーバーの運用管理を）委託しているが、委託先拠点の被災時に、（ホームページからリンクしているインターネットバンキングが利用できなくなるといった顧客サービス）業務が停止するリスク

【事例5】
　災害対策本部の設置場所を本店ビル内としており、本店ビル被災時の災害対策本部設置場所を検討していないため、災害時に関係者が迅速に集合できない、あるいは指揮命令が遅延するリスク

【事例6】
　従業員が出勤不可あるいはビル入館が困難となり、本店資金決済業務

> 担当者が不在・集合不可となるケース（たとえば、代替者、バックアップオフィスの用意）を検討しておらず、本店資金決済業務が停止するリスク

　東日本大震災においても、11の中小・地域金融機関において、2日〜最長で15日もの間、被仕向為替の入金業務ができない理由から、全銀センターを通じた他行との振込取引等が停止している。

(b)　**リスクシナリオごとの対応方針・計画が金融機関全体として一元的に把握されていない（システム部門とユーザ部門のコンティンジェンシープランにGAPがある等）**

　システム部門とユーザ部門がそれぞれ個別のコンティンジェンシープランを検討しているケースが多く見受けられる。どのようなリスクシナリオがあるのか、そのリスクが顕在化するとどの業務が制約を受けるのか、許容される停止時間はどのくらいか、復旧に見込まれる時間はどの程度か、といったコンティンジェンシープランを作成するうえでの基本的前提条件等が両者の間で認識共有されないままに進められており、実効性に疑問が残るケースが多く見受けられる。

　また、コンティンジェンシープランに関する各種規程・ルール類を複数整備している金融機関において、全体像や体系図が整備されていないため、自分はどこを参照したらよいかわからない、規程・ルール間で災害対策本部や体制上の役割・職務に一部不整合がある、といったケースも見受けられ、リスクが顕在化した際に混乱することも想定される。

(c)　**重要なリスクシナリオに関する訓練が十分でない（コンティンジェンシープランの妥当性の検証が未実施）**

　そもそも訓練が未実施、システムカットオーバー前のテスト段階での訓練のみ実施、あるいは過去には訓練したが、その後定期的な訓練を行っていないといった金融機関も少なくなく、システム環境変更への対応もれ（たとえ

ば、DB拡張時のバックアップ取得範囲見直し漏れ、プログラムのバックアップ取得タイミング遅れによる業務データとプログラムの不整合）等の懸念が考えられる。機器を二重化し、自動切替構成にしていたが、実際には自動で切り替わらなかった、といったシステム障害事例も少なくない。

　また、システム部門単独での切替訓練のみ実施しており、ユーザ部門まで巻き込んだ訓練を実施しておらず、ユーザ部門側で作成した代替手続の内容、代替手続による事務負荷レベルが検証されず、ユーザ部門側で作成したコンティンジェンシープランの妥当性・実効性が検証されていないケースも多く見受けられる。

⑵　コンティンジェンシープラン整備上の留意事項

　⑵では、コンティンジェンシープランに係るシステム監査のポイントの前に、実効性あるコンティンジェンシープランが整備されるうえで、留意すべき事項を記載する。

a　危機・リスクシナリオ

　コンティンジェンシープラン策定の第一歩として、システム障害、自然災害、事件・事故など、自社の業務継続への脅威となる危機・リスクシナリオの洗出しが重要と考えられる。

　この際に留意すべきポイントとして、想定される脅威には原因事象と結果事象があり、リスクシナリオは後者（結果事象）に基づいて策定すべきであると考えられる点である（図表4－13参照）。

　金融機関に限らず、多くの事業会社では地震・パンデミックなどの原因事象にのみ着目してコンティンジェンシープランを策定する事例が数多く見受けられる。たとえば、地震が発生すること（原因事象）と、それにより営業店や集中部門などで従業員が出勤不可能となること（結果事象）を比較すると、バックアップオフィスの設置やリモート端末の準備など、業務継続への

図表 4 −13　危機・リスクシナリオの整理例

原因事象				結果事象		
				施設・建物の利用不能	情報システムの利用不能	社員の出社不能
偶発的な脅威	災害	広域災害	地震	○	○	○
			風水害	○	○	○
		局所災害	火災	○	○	
			重大感染症の蔓延	○		○
	故障（障害）	情報システムの故障	ハードウェア障害		○	
			ソフトウェア障害		○	
		社内インフラの故障	ネットワーク障害		○	
			関連設備（電源、空調）の障害	○	○	
		社会インフラの故障	電源供給の停止・計画停電	○	○	○
			通信回線の障害	○	○	
			交通の途絶			○
自発的な脅威	過失	誤操作	情報システムの誤操作		○	
			社内インフラの誤操作		○	
	故意	物理的犯罪行為	建物の破壊	○		
			生物兵器テロ	○		
			爆破予告等の脅迫電話	○		
			強盗・不審者の侵入	○		
		サイバーテロ	情報システムの論理的破壊・改ざん		○	

　具体的な方策を検討するのは後者がベースとなるため、結果事象に基づくリスクシナリオの策定が行われているかを検証する必要がある。

図表4－14　優先業務と危機レベルの定義例

優先順位	業務分類	危機レベル			
		レベルⅠ (関連部署への連絡のみ)	レベルⅡ (左記に加え各種対外告示)	レベルⅢ (左記に加え災害対策本部設置)	レベルⅣ (左記に加え全行緊急体制)
高　↑ ↓　低	資金決済業務 現金決済 内国為替 交換決済	N/A	1時間以内の業務停止(ただし、当日中に処理が完了することが前提)	1時間超～6時間以内の業務停止(ただし、当日中に処理が完了することが前提)	6時間超の業務停止あるいは当日中に処理が完了しない場合
	顧客対応業務 口座入出金 インターネットバンキング 事故対応	N/A	1時間以内の業務停止(ただし、当日中に処理が完了することが前提)	1時間超～6時間以内の業務停止(ただし、当日中に処理が完了することが前提)	6時間超の業務停止
	トレジャリー業務 資金・為替取引 証券取引 デリバティブ取引	1時間以内の業務停止	1時間超～3時間以内の業務停止(ただし、当日中に業務が再開できることが前提)	3時間超～1週間以内の業務停止(当日中に業務を再開することができない)	1週間超の業務停止
	ミドルオフィス業務 信用・市場リスク管理 収益管理・ALM 財務・管理会計	24時間以内の業務停止(ただし、影響範囲が社内に限られることが前提)	24時間超～1週間以内の業務停止(ただし、影響範囲が社内に限られることが前提)	1週間超の業務停止あるいは行外に影響を与える場合	N/A
	その他関接部門業務 (各種部門内管理業務) (システム稼働監視) (データバックアップ処理)	24時間以内の業務停止	24時間超～1カ月以内の業務停止	1カ月超の業務停止あるいは行外に影響を与える場合	N/A

b　自社業務の洗出しと危機レベルの定義・明確化

　次に、自社で行われている全業務を洗い出し、企業として復旧を優先すべき業務であるか、業務間の優先順位づけを行う。金融機関では一般的に資金決済や対顧取引に係る業務の継続が優先され、バック・ミドルオフィスなどの本部業務がそれに劣後する傾向がある。あわせて、各業務における復旧までの見込時間に応じた危機レベルを定義することが有効であると考えられる。

　ここでいう危機レベルとは、復旧に向けた対応度合いを分類するもので、危機レベルが高くなるにつれて、社内連絡→顧客告知→緊急対策本部の設置など、社内の具体的な手順・措置のレベルを徐々に高めて対応していくことになる（図表4－14参照）。

　なお、危機レベルが不明瞭・あいまいであると、コンティンジェンシープラン発動後の具体的な対応はもとより、近年重要視されている初動対応にも大きく影響する。復旧時間や時間軸などが、万一の場合にだれもが判断しやすいよう具体的に定義されているか、注視することが重要である。

c　リスクシナリオの精緻化と業務への影響分析

　こうして企業として考慮すべきリスクシナリオと優先すべき自社の業務を大まかに把握したところで、この二つを組み合わせて、最終的なリスクシナリオと対応の優先順位を確定していく。ただし、たとえばシステムに係るリスクシナリオの場合でも、障害発生箇所などに応じて影響する業務は大きく異なるので、紐づけを行いながらリスクシナリオと業務を細分化していく（図表4－15参照）。

　このようにリスクシナリオを自社システムの構成要素、社内各部門の拠点・業務などに応じて細分化することになるが、たとえばシステム資産台帳や事務取扱要領などで頭からマッピングするのではなく、後々のメンテナン

スも考慮しながら粒度を調整していくことが効果的である。

d　リスクシナリオ別対応方針の確定

こうして精緻化されたリスクシナリオごとに、コンティンジェンシープラン上の対応方針・項目、および対応する所管部署を確定していく。

特に、資金決済やATMなどのチャネルサービスといった、時限性の高い項目については、あらかじめ定めた危機レベルに応じて対応方針・対応項目を個別に検討する必要がある（図表4－16参照）。

e　コンティンジェンシープラン整備・補強計画

確定した対応方針・対応項目と現状とのGAP分析を行い、整備が必要な項目について、対応時限や対応部署などを明確化した整備・補強計画を策定する。一般的な整備項目としては、たとえばコンティンジェンシープランに係る規程・手順書類の作成・見直しや、バックアップセンター・オフィスの設営、ファシリティの整備といった項目が考えられる。

なお、こうした計画は復旧対象となる業務の優先度に準じて策定すべきであり、またコンティンジェンシープランは経営にかかわる項目であるので、取締役会など経営へ付議するなどの対応が求められる。

f　対策本部組織

コンティンジェンシープランを発動した場合の組織体は、経営管理部門・営業部門・システム部門や、経営などが参画した対策本部が一般的だが、たとえば地震などの広域災害と局所的なシステム障害では、求められる組織体の規模や関与部署などは大きく変わるので、リスクシナリオに応じた対策本部組織の定義が必要となる。

ただし、一部の金融機関では、発動基準と組織体が規程・手順により異なっていたり、重要なシナリオの組織体に経営の参画が不十分であるなどの事

図表4－15　最終的なリスクシナリオ（システムに関連するものを抜粋）

内外分類	大分類	中分類	小分類	影響業務	シナリオNo	対応の優先順位
社内	拠点の被災	本社	基幹系本部DB 情報系本部DB 基幹系システム端末 情報系システム端末 財務系システム	資金決済関連業務 財務会計関連業務 営業企画業務 ：	1	高
		営業店舗（個別）	基幹系システム端末 情報系システム端末	当該営業店舗の資金決済業務 当該営業店舗の営業関連業務	2	中
		データセンター	基幹系サーバー 情報系サーバー ファイアウォール 監視システム	全社の資金決済業務 全社の財務会計関連業務 全社の営業関連業務 顧客サービス（ネットオークション） 情報システム監視業務	3	高
		バックアップセンター	基幹系サーバー（バックアップ） 監視システム（バックアップ）	本番業務への影響なし	4	低
	システムのトラブル	ネットオークションシステム	インフラ機器（サーバー／ディスク）	顧客サービス（ネットオークション）	5	高
		資金決済システム	インフラ機器（サーバー／ディスク）	資金決済業務	6	高
			端末（本社）	本社の資金決済業務	7	高
			端末（営業店舗）	当該営業店舗の資金決済業務	8	高
		財務会計システム	インフラ機器（サーバー／ディスク）	財務会計関連業務	9	中
			端末（本社）	本社の財務会計関連業務	10	低
		営業支援システム	インフラ機器（サーバー／ディスク）	営業支援業務	11	中
			端末（営業店舗）	当該営業店舗の営業支援業務	12	低

障害種別	対象	システム	業務影響	No.	重要度
通信関連機器の障害	通信機器（本社）	基幹／情報システム	資金決済／営業企画・支援	13	高
	通信機器（営業店舗）	基幹／情報システム端末	個別営業店舗被災時と同様	14	中
	通信機器（データセンター）	基幹／情報／対外接続	資金決済／営業支援／…	15	高
	通信機器（バックアップセンター）	バックアップシステム	バックアップシステムへのデータバックアップ	16	低
専用線の障害	データセンター〜営業店舗	営業店舗被災時と同様	営業店舗被災時と同様	17	中
	本社〜バックアップセンター	専用線バックアップ	本番業務への影響なし	18	低
	営業店舗〜バックアップセンター	専用線バックアップ	本番業務への影響なし	19	低
	INS（本社〜データセンター）	本社被災時と同様	本社被災時と同様	20	高
	INS（データセンター〜バックアップ）	バックアップシステム	バックアップシステムへのデータバックアップ	21	低
通信インフラ（専用線以外）の障害	INS（データセンター〜ABC銀行）	対外接続システム	ABC銀行向け資金決済	22	高
	INS（データセンター〜DEF銀行）	対外接続システム	DEF銀行向け資金決済	23	高
	INS（データセンター〜GHI社）	対外接続システム	GHI社委託広告宣伝業務	24	高
	INS（バックアップ〜ABC銀行）	対外接続バックアップシステム	本番業務への影響なし	25	低
	INS（バックアップ〜DEF銀行）	対外接続バックアップシステム	本番業務への影響なし	26	低
	INS（バックアップ〜GHI社）	対外接続バックアップシステム	本番業務への影響なし	27	低
	インターネット	インターネット利用システム	顧客サービス（ネットオークション）	28	高
外部システムの障害	決済委託銀行システム	ABC銀行システム	ABC銀行向け資金決済	29	高
		DEF銀行システム	DEF銀行向け資金決済	30	高
	広告宣伝委託企業システム	GHI社システム	GHI社委託広告宣伝業務	31	高
電源供給不能	本社	本社設置の全機器	本社の被災時と同様	32	高
	営業店舗（個別）	営業店舗設置の全機器	営業店舗の被災時と同様	33	中
	データセンター	データセンター設置の全機器	データセンターの被災時と同様	34	高
	バックアップセンター	バックアップセンターの全機器	バックアップセンターの被災時と同様	35	低

図表4-16 リスクシナリオ別の対応方針・対応項目

シナリオNo	業務停止時間	危機レベル	対応方針	コンティンジェンシープラン			所管部署
					対応項目		
1	6時間超 (資金決済済他)	IV	緊急対策本部の設置 代替拠点(データセンター内)にて業務継続 ・資金決済関連業務のみ マスコミ対応(対外情報公開)	初動	緊急対策本部の設置		総務部
					HPへの掲載によるトラブル告示		広報部
					外部関連組織(マスコミ等)へのトラブル連絡		広報部
					提携企業へのトラブル連絡		法人営業部
					データセンター内の業務継続環境構築		システム部
				継続	当日・翌日決済分の手作業処理		経理部
					資金決済期日管理表の出力		システム部
				回復	システム復旧作業結果確認		システム部
～	～	～	～	～	～		全ユーザ部
	24時間以内	I	INSの復旧待ち	回復	システム復旧作業		システム部
	24時間超～1週間以内	II	INSの復旧待ち ただしデータセンター内で日次DBバックアップ追加	継続	データセンター内の日次DBバックアップ作業		システム部
				回復	システム復旧作業		システム部
21	1週間超	IV	緊急対策本部の設置 データセンター内で日次DBバックアップ追加 1日遅れでバックアップセンター内DB更新継続	初動	緊急対策本部の設置		総務部
				継続	データセンター内の日次DBバックアップ作業 バックアップセンターへのDBバックアップ媒体の搬送 バックアップセンター内DB更新作業		システム部
				回復	システム復旧作業		システム部
～	～	～	～	～	～		～

例が見受けられるので、リスクシナリオ上の危機レベルに応じた組織体の再確認と、規程・手順間の相違がないかをチェックする必要がある。

g 訓練の実施

障害訓練はコンティンジェンシープランの実効性を検証する重要な項目の一つであり、リスクシナリオを定めて業務復旧の手順を確認するとともに、訓練実施時に判明した課題と今後の対策を明確化する。ただし、リスクシナリオは多岐にわたっておりすべてを確認することは不可能であるので、たとえば営業店での手払事務の確認など重要なシナリオは定期的に（最低でも年1回程度）実施するなど、優先度に配慮した訓練の実行が求められる。

また、システム障害が実際に発生した場合にはハードウェアの正→副への切替えなどが起こるが、こうした実績を記録しておくこと等が、リスクシナリオごとの実効性度合いの管理のうえで効果的である。

(3) コンティンジェンシープランをテーマとした監査ポイント

これまで述べてきた内容と一部重複するが、コンティンジェンシープランをテーマとした監査を実施する場合のポイント・観点を、次に記載する。なお、コンティンジェンシープランは全社的な取組みが求められるため、これに対する監査を実施する場合、システム部門のみを対象とするなどの部署別監査では、効果が限定的であると考えられる。

たとえば、あるリスクシナリオに応じた方針・規程が存在しない、または不十分であり、その所管部署すら明確でない場合には、当該事実は被監査部署への指摘ではなく、経営への問題提起・課題提言が必要となることから、組織横断的な監査の実施が有効である。

a　関係者への認識共有化状況

コンティンジェンシープランはリスクシナリオと危機レベルに応じた業務復旧計画を定義したものであることは述べたとおりだが、復旧における前提条件を経営含めた関係者が正しく認識しているかを確認することが求められる。

たとえば、コンティンジェンシープランの発動にあたり、次のような機能制約があり、（経営が）このような事実を認知しているかどうかにより、発動の判断が大きく異なってくるものと想定される。

① 基幹系システムのバックアップシステムでは、一部流動性預金の復旧のみを想定しており、他科目の取引や自社ATM以外の入出金は行えないこと
② 基幹系システムのバックアップシステムへの切替え後、その戻し処理に数週間～数カ月を要すること

したがって、復旧計画の各種手順について、復旧前後の業務レベルの差分や原状回復のプロセスなどへの調査、あるいはこうした事実が経営含めた関係者に周知されているかを確認することが重要となる。

b　重要シナリオの網羅状況

「7(2)a」あるいは「7(2)b」で記載したとおり、組織として重要なシナリオがもれていないかという観点で十分な検討・調査が必要である。

c　関連文書間の整合性確認

「7(1)b(b)」および「7(2)f」をふまえて、関連文書間の整合性が確保されているかどうかという観点で細かくチェックすることも、実効性あるコンティンジェンシープランとするうえで、重要なチェックの観点である。

d　コンティンジェンシープランの周知・徹底状況

　網羅的なリスクシナリオと危機レベルに応じたコンティンジェンシープランを整備していても、これを利用する全社員がその内容を周知していなければ、その実効性は半減する。全社員がコンティンジェンシープランの全項目・全手順を把握しておく必要はないが、少なくとも発動時に社員が自らに定義された役割職務を正しく理解しておく取組みが求められる。

　こうした取組みは障害訓練への参加、勉強会の励行や、たとえばコンティンジェンシープランの全体像や重要事項など、最低限理解しておくべき項目を簡単にまとめた手引書などの準備も考えられる。また、各部署でのコンティンジェンシープランの保管・更新が電子媒体・紙媒体ともに励行されており、古いバージョンを参照してしまう可能性がないかをチェックする必要がある。

e　整備・高度化計画の有無と活動状況

　コンティンジェンシープランは経営を含めた全社的な取組みが求められており、障害訓練などによる継続的な改善活動を展開していくことが必要である。

　したがって、こうした改善計画や整備・高度化計画の有無を確認するとともに、経営の関与や計画の一元管理（各所管部署任せにならない）が実現されているかを確認することが肝要である。

> **ポイント**
> ●コンティンジェンシープランを対象としたシステム内部監査では、次のような観点での調査が重要
> 　○制約事項等共有化しておくべき情報の認識共有化の状況
> 　○重要シナリオの網羅性
> 　○関連文書間の整合性
> 　○周知状況（災害・障害訓練の実施状況等）

第 5 章

システム監査事例

前章までのなかで、システム内部監査の手順や主な監査対象領域ごとのポイント・留意事項について説明してきた。

　それでは、実際にシステム内部監査を実施する際には、どのようにして「発見事項」を導き出し、「改善課題」を整理したらいいのだろうか。あるいは、整理した「発見事項」や「改善課題」を含めた監査結果は、どのように報告書に記載したらいいのだろうか。

　また、被監査部門が監査結果の内容に納得し、改善の必要性を認識するためには、被監査部門に対する監査結果の説明（報告）に際し、どのような点に留意したらいいのだろうか。

　本章では、このような疑問に対して、どのように考え、どのように対応したらいいのか、そのポイントを少しでもつかんでいただくために、システム内部監査担当者が実際に直面するであろうシステム監査の事例を演習問題形式で紹介・説明する。

1　演習問題における留意事項

　本章では、六つの演習問題を用意した。演習問題の実施にあたっては、次の点に留意願いたい。

演習問題実施上の留意点

【演習問題1～5】
　演習問題1～5では、問題点を発見したことを前提に、どのような報告書としてまとめるか（問題点を指摘事項とするか。どのような改善提案をするか）を検討してほしい。なお、演習では次の点を考慮してほしい

(実際にシステム内部監査を実施するうえでも、次の点について考慮することが肝要である)。
① 問題点がどのようなリスクにつながるかを明確にすること
　　(問題点によりどのようなリスクが顕在化する可能性が生じるかを明確にしてほしい)
② リスクの影響度を検討すること
　　(明確にしたリスクが顕在化した場合、貴社がどのような影響を受けるか、どの程度の影響を受けるかを検討してほしい)
③ リスクの低減策の存在有無を確かめること
　　(明確にしたリスクが顕在化する可能性を低減するための施策の有無(実装状況)を確かめてほしい)

【演習問題6】
　演習問題6では、発見した問題点、リスクを実際に被監査部門へ説明することを意識して回答してほしい。

2　演習問題

●演習問題1●

演習テーマ ユーザID・パスワード管理

[前　提]
　Aシステム、Bシステム、Cシステム、Dシステム、Eシステムの5システムを対象として、ユーザID・パスワード管理に係る次の監査項目に基づき、監査を実施した。
〈監査項目〉

① ユーザID・パスワードの管理は、次の項目に準拠しているか。
② ユーザIDは、必要最低限の要員に付与する。
③ パスワードの桁数は6桁以上とし、90日以内に変更する。

　監査は、ヒアリングおよび資料閲覧により実施し、結果は全システムとも同じである（後述［ヒアリング・資料閲覧の結果］のとおり）。

　なお、各システムの特徴は、後述［システムの特性］のとおりである。

[ヒアリング・資料閲覧の結果]
① システムのユーザIDは、利用部署である営業部に限定して付与していることをヒアリングにより確かめた。
② システム出力のユーザID一覧と営業部の体制図を比較し、営業部の社員以外に付与していないことを確かめた。
③ パスワードの桁数はシステムの機能により6桁以上14桁以内となっている。
④ パスワードの定期変更に係るシステムの機能はないため、3カ月ごとに定期変更する運用としている。ただし、実際に変更したことを確かめておらず、また、変更したことを確認する手段は現在のところ存在していない。
⑤ ユーザIDの登録・削除を行う特権ユーザIDはシステム部のF課長が保持しており、営業部長からの申請に基づき、ユーザIDを貸与している。特権ユーザIDの管理上の問題は今回のシステム内部監査において発見されていない。
⑥ ユーザIDのアクセスログについてのモニタリングは行っていない。

[システムの特性]
〈Aシステム〉
① 個人情報を大量に保有している。
② 社内の基幹システムであり、システムが停止すると業務継続が困難

なため,高い可用性が求められる。
③　端末は,営業店内の顧客等不特定多数の人物が出入り可能なエリアに設置している。

〈Bシステム〉
①　個人情報を大量に保有している。
②　社内の基幹システムであり,システムが停止すると業務継続が困難なため,高い可用性が求められる。
③　端末は,営業店内のセキュリティエリアに設置しており,同エリアへ入室するためのカードは,BシステムのユーザIDをもつ社員にのみ貸与している。なお,セキュリティエリアへ入室するためのカードの管理については,発見事項はなかった。

〈Cシステム〉
①　個人情報を大量に保有している。
②　社内の営業管理用システムであり,システムが停止しても手作業での業務継続が可能。
③　端末は,営業店内の顧客等不特定多数の人物が出入り可能なエリアに設置している。

〈Dシステム〉
①　個人情報を含め,社外への開示を禁止している情報は含んでいない。
②　社内の営業管理用システムであり,システムが停止しても手作業での業務継続が可能。
③　端末は,営業店内の顧客等不特定多数の人物が出入り可能なエリアに設置している。

〈Eシステム〉
①　個人情報を含め,社外への開示を禁止している情報は含んでいない。

② 社内の営業管理用システムであり、システムが停止しても手作業での業務継続が可能。
③ 端末は、営業店内のセキュリティエリアに設置しており、同エリアへ入室するためのカードは、EシステムのユーザIDをもつ社員にのみ貸与している。なお、セキュリティエリアへ入室するためのカードの管理については、発見事項はなかった。

[設問]
① 前述の調査結果（[ヒアリング・資料閲覧の結果]）から、問題点およびリスクを特定せよ。
② 前述の調査結果（[ヒアリング・資料閲覧の結果]）および各システムの特性（[システムの特性]）から、システムごとに、リスクが顕在化した場合の影響、リスク低減策を特定せよ。
③ リスクが顕在化した場合の影響、リスク低減策をもとに、報告書に記載する内容を検討せよ。なお、報告書には次について記載せよ。
　ⅰ　発見した問題点およびリスク（どのようなリスクがあるか）
　ⅱ　リスクが顕在化した場合の影響
　ⅲ　リスクの低減策の実装状況
　ⅳ　改善提案（リスクが顕在化した場合の影響が大きく、リスクの低減策が不十分と判断した場合）

● 演習問題2 ●

演習テーマ　システム運用（オペレーション管理）
[前提]
当社のシステム運用（オペレーション管理）を対象として、次の監査項目に基づき、監査を実施した。
〈監査項目〉
① すべてのオペレーションは、承認されたオペレーション指示書に基

づいて行われているか。
② オペレータが予定外のオペレーションを行わないように、事前または事後のチェックが行われているか。
③ オペレータは管理者の承認なしに、システムチェック等の重要なメッセージを無視してオペレーションを進めることが禁止され、実際に行われていないか。
④ 重要なオペレーションやコマンド投入の際は、相互確認が行われているか。

監査は、ヒアリングおよび資料閲覧により実施し、結果は後述［ヒアリング・資料閲覧の結果］のとおりである。

［ヒアリング・資料閲覧の結果］
① 前月末までに当月分のオペレーション指示書を作成し、システム運用部長の承認を得ている。
② 臨時のオペレーションについては、前営業日までに、システム開発部からの依頼をもとに、オペレーション指示書を修正し、システム運用部長の承認を得ている。
③ なお、当日、臨時で追加のオペレーションが必要な場合には、別途、定める手続によって対応することとしている。
④ オペレーション指示書は、当該オペレーションを実施したオペレータがチェックし、当日のオペレーション完了後、オペレータリーダーが、オペレーション指示書を確認し、当日のオペレーションが、すべてもれなく完了していることを確かめている。
⑤ オペレーション指示書に記載したメッセージ以外が表示された場合には、当該システムの開発担当者へ連絡する運用としており、システムごとの開発担当者の名簿を整備している。
⑥ サンプルとして、図表5－1のオペレーション指示書を閲覧した。

図表5－1　オペレーション指示書（サンプル）

システム名：Ｊシステム オペレーション実施日： 2011年5月9日		
	事前承認（2011年4月28日）	
	担当者押印	システム運用部長 押印
	最終確認（2011年5月6日）	
	システム運用部担当者 押印	システム運用部長 押印
	実施確認（2011年5月9日）	
	オペレータＡ押印	オペレータリーダー 押印

No.	作業項目	実施予定 時間	チェック欄	
			実施時間	実施者
1	サーバーの電源を入れ、次のメッセージを確認。 　メッセージ：システムが起動しました。	7：00	7：00	オペレータＡ 押印
2	アプリケーション起動用の次のコマンドを投入し、メッセージを確認する。 　コマンド：Ａアプリケーションの起動 　メッセージ：Ａアプリケーションが起動しました。	7：10	7：08	オペレータＡ 押印
3	臨時のバッチ処理を起動するため、次のコマンドを投入し、メッセージを確認する。 　コマンド：Ｂジョブの起動 　メッセージ：Ｂジョブが起動しました。	8：00	8：00	オペレータＡ 押印
4	アプリケーション停止用の次のコマンドを投入し、メッセージを確認する。 　コマンド：Ａアプリケーションの停止 　メッセージ：Ａアプリケーションが停止しました。	17：00	17：00	オペレータＡ 押印
5	システム停止用の次のコマンドを投入する。電源が自動的に切れるので、サーバーの電源ランプが赤色（電源OFF）となっていることを確認する。 　コマンド：システムの停止 　確認：サーバーの電源ランプが赤色になっていること	17：30	17：35	オペレータＡ 押印

［設　問］
① 前述の調査結果（［ヒアリング・資料閲覧の結果］）から、問題点およびリスクを特定せよ。
② リスク低減策を検討せよ。
③ 特定した問題点、リスク、および検討したリスク低減策をもとに、報告書に記載する内容を検討せよ。なお、報告書には次について記載せよ。
　ⅰ　発見した問題点およびリスク（どのようなリスクがあるか）
　ⅱ　改善提案（リスク低減策）

● 演習問題3 ●

演習テーマ　**外部委託管理**

［前　提］
　Jシステムのシステム開発に係る外部委託の管理状況について、次の監査項目に基づき、監査を実施した。
〈監査項目〉
① 外部委託業務の実施内容を把握できるように、外部委託先より業務報告書に基づく報告が定期的に行われているか。
② 業務報告書には、次の事項が記載されているか。
　ⅰ　委託業務の進捗または稼働状況
　ⅱ　品質管理状況
　ⅲ　テスト状況
　ⅳ　セキュリティ対策実施状況
　ⅴ　貸与物の管理状況　等
③ 業務報告に基づき、委託先として、次の点について十分な分析、評価が実施されているか。また、評価内容は関係者に周知されているか。

ⅰ　外部委託業務の進捗および品質管理状況

　　ⅱ　外部委託先の内部管理体制（要員管理、セキュリティ管理等）

　　ⅲ　外部委託先で発生した事故や問題

　　ⅳ　外部委託業務のコスト

[ヒアリング・資料閲覧の結果]

　システム部門では、Ｊシステムに係るシステム開発をＡ社に外部委託している。Ａ社への外部委託の状況は次のとおり。なお、Ｊシステムは貴社の基幹システムであり、個人情報、財務に関する情報を含んでいる。

① 個々のシステム開発案件ごとに委託範囲を取り決めているが、原則、要件定義までは貴社で実施し、設計工程以降システムテストまでを外部委託している。

② 設計工程、製造（単体テスト完了まで）工程、結合テスト工程、システムテスト工程の各工程の完了は、貴社の検収結果が合格となることを条件としている。

③ なお、受入環境への移行までをＡ社で行い、受入環境から本番環境への移行は貴社で実施することとしている。

④ 受入環境では、貴社のシステム部門およびユーザ部門による受入テストを実施しているが、当該工程には、Ａ社は基本的に関与していない。ただし、受入テスト工程において不具合が発覚した場合にはＡ社が受入環境にて対応することとしている。

⑤ 受入環境と本番環境とを極力近い状態とすることを目的に、毎週第１営業日に本番環境のデータを受入環境へコピーしている。

⑥ Ａ社の開発環境において、本番データを利用したテストは実施していない。

⑦ Ａ社とは、月次で進捗・品質管理会議を開催しており、次の事項について報告を受けるとともに報告をもとにした意見交換を実施している。

ⅰ　システム開発案件別の進捗状況
　　ⅱ　システム開発案件別、工程別の品質状況
　　ⅲ　セキュリティ自主点検（月次で実施）の結果
　　　・机上の整理整頓状況
　　　・設計書（貴社が貸与しているもの）保管キャビネットの施錠状況
　　ⅳ　Ｊシステムの障害発生状況
　　　・障害対応の状況
　　　・再発防止策の検討・実施状況
　　ⅴ　Ｊシステムの運用状況
　　　・システムの稼働状況（オンライン計画外停止時間、バッチ処理所要時間）
　　　・システムのキャパシティ状況（CPU使用率、ディスク使用率）
　　　・オペレーションミス（対応状況、再発防止策の検討・実施状況）
⑧　A社の評価は、貴社の「外部委託管理手続」に従い、毎年3月に実施しており、評価結果は、システム部門長をはじめ、関係者へ回覧している。

[設　問]
①　前述の調査結果（[ヒアリング・資料閲覧の結果]）から、問題点およびリスクを特定せよ。
　　（報告を受けるべき項目で報告を受けていないものは何かを検討してほしい）
②　上記の問題点およびリスクについての検討結果をふまえ、報告書に記載する改善提案の内容を検討せよ。

● 演習問題4 ●

演習テーマ　**システム障害管理**

[前　提]

システム部門を対象に、障害の管理方法、再発防止策の検討・対応状況について、次の監査項目に基づき、監査を実施した。

〈監査項目〉

① 障害管理の手続が定められ、マニュアルが作成されているか。
② 障害内容は「障害記録票」に記入され、すみやかに責任者に報告されているか。
③ 障害時の連絡体制が整備されているか。
④ 障害時の対応はすみやかに行われているか。
⑤ 障害原因が究明されているか。
⑥ 障害原因が不明のまま究明を取りやめる場合は、その理由を明らかにし、責任者の承認を得ているか。
⑦ 再発防止策の実施完了までに時間を要する場合は、完了までの期間について実施状況管理が行われているか。
⑧ 障害対応が暫定措置のまま放置され、長期（3カ月程度をメド）未解決となっていないか。

　監査は、ヒアリングおよび資料閲覧により実施し、結果は後述［ヒアリング・資料閲覧の結果］のとおりである。

［ヒアリング・資料閲覧の結果］

　障害管理用の「障害管理マニュアル」を作成している。当該マニュアルには、次の記載がある。

① 障害の重要度基準
　ⅰ　高：不特定多数の顧客へ影響した障害
　ⅱ　中：少数の特定顧客へ影響した障害
　ⅲ　低：顧客への影響がなかった障害
② 障害の重要度基準に応じた報告ルール
　ⅰ　重要度「高」の障害はシステム部門担当役員へ報告
　ⅱ　重要度「中」「低」の障害はシステム部門長へ報告

③ 障害発生時の連絡体制
　i　システム別に連絡網を整備すること
　ii　障害記録票の記載方法（次の項目を記載）
　iii　障害発見者・発生日時・発生システム・障害事象・影響範囲・障

図表5－2　障害記録票（サンプル）

障害管理No.：1	障害記録票	責任者承認日：2011年5月10日
		責任者：システム部門長

件名：障害1
対象システム：Ｉシステム

対象発見者：担当A	発生日時：2011／4／1　11：00
障害事象：Ｉシステムのオンライン停止により、顧客（1名）の取引入力ができなかった。	
影響範囲：顧客（1名）の取引遅延。	重要度：中

障害原因：オンラインプログラムのバグにより、オンラインが異常終了した。

暫定対応：システム運用課において、データベースにアクセスしてデータを入力する。		
承認者：システム運用課長	実施予定日時：2011／4／1　12：00	実施日時：2011／4／1　12：00
実施者：担当B		確認者：担当C

本格対応：プログラム修正後、定期リリース日（4／18）に本番環境へリリースする。		
承認者：システム運用課長	実施予定日：2011／4／18	実施日：2011／4／18
実施者：担当B		確認者：担当C

再発防止策：テストケース作成時に検証を徹底する。		
承認者：システム開発1課長	実施予定日：2011／5／10	実施日：2011／5／10
実施者：担当D		確認者：担当E

害の重要度
　ⅳ　障害原因
　ⅴ　暫定対応の内容・承認者・実施予定日・実施日・実施者・確認者
　ⅵ　本格対応の内容・承認者・実施予定日・実施日・実施者・確認者
　ⅶ　再発防止策・承認者・実施予定日・実施日・実施者・確認者
サンプルとして、図表5－2の障害記録票を閲覧した。
また、サンプルの「障害記録票」についてのヒアリング結果は、次のとおり。
①　当該障害は、システム運用課の担当Aが、パトランプの鳴動により発見した。
②　システム運用課の担当Aは、Fシステムの「緊急連絡網」に従い、システム開発1課の担当Yに連絡した。
③　担当Yは、営業部門に状況を確かめたところ、ある顧客の取引をIシステムに入力中にオンラインが停止したことが判明した。担当Yは、システム開発1課長に連絡し、システム開発1課長の指示のもと、障害原因の調査を開始した。
④　なお、システム開発1課長は、担当Yから障害発生に係る報告を受けた後に、障害が発生したこと、顧客の取引に影響があることをシステム部門長へ口頭で報告している。
⑤　障害原因の調査の結果、プログラムが想定していない値が入力されたため、異常終了したことが判明した。当該取引は、業務上、本日中にIシステムへ入力する必要があることから、暫定対応として、Iシステムのデータベースに当該データを直接入力することとした。
⑥　暫定対応では、担当Yがシステム開発1課長の承認を得た「データ修正依頼書」をシステム運用課へ提出し、システム運用課長承認後、システム運用課の担当BがIシステムのデータベースにデータを入力した。入力する内容は、営業部門より事前に担当Yへ連絡があったも

ので、入力結果は営業部門で確認している。
⑦ 担当Yは、所定の手続に従い、障害の原因となったプログラムを修正し、当該プログラムを2011年4月18日に本番環境へリリースした。なお、プログラムの本番環境へのリリースは、リリース前にシステム開発1課長とシステム運用課長の承認を得る必要があるが、両課長が承認していることは「リリース申請書」により確かめることができた。
⑧ システム開発1課では、2011年5月10日に、当障害の再発防止策に係る検討会を開催した。検討の結果、当該障害の原因となった取引に該当するテストケースを想定していなかったことが判明したため、再発防止策として「テストケース作成時に検証を徹底する」こととした。
⑨ 再発防止策に係る検討会後、担当Yは、「障害記録票」を作成し、システム開発1課長、システム運用課長の承認後、システム部門長へ提出した。
⑩ システム部門長は、「障害記録票」の内容を確認し、同票の右上の責任者承認日欄に「障害記録票」の提出を受けた日を記入し、責任者欄に押印した。

[設 問]
① 前述の調査結果（[ヒアリング・資料閲覧の結果]）から、問題点およびリスクを特定せよ。

ヒント1
・責任者（システム部門長）への報告タイミングは適切か。

ヒント2
・障害原因は、真の障害原因となっているか。
（障害原因を記載する目的は何か）

ヒント3

・再発防止策は、実効性のある記載となっているか。
（精神論的な記載となり、実効性に懸念はないか）
② 特定した問題点およびリスクをふまえ、報告書に記載する改善提案の内容を検討せよ。

● 演習問題5 ●

演習テーマ　コンティンジェンシープラン
[前　提]
　当社のコンティンジェンシープランを対象として、次の監査項目に基づき、監査を実施した。なお、当社のコンティンジェンシープランは、後述［ヒアリング・資料閲覧の結果］—「コンティンジェンシープランの項目および概要」のとおりである。
　〈監査項目〉
　コンティンジェンシープランには、次の内容が盛り込まれているか。
① 想定する緊急事態と被害
② 影響を受ける業務
③ 業務の優先度
④ 代替手段を用いた業務の継続方法
⑤ 必要となるリソース
⑥ 緊急時体制
⑦ 緊急時行動計画（初期対応・暫定対応・復旧対応）
⑧ 目標復旧時間、目標復旧水準
⑨ 教育・訓練、維持管理方法
　監査は、ヒアリングおよび資料閲覧により実施し、結果は後述［ヒアリング・資料閲覧の結果］のとおりである。
[ヒアリング・資料閲覧の結果]
　〈コンティンジェンシープランの項目および概要〉

① コンティンジェンシープランの目的
　・当社の基幹業務用のシステムであるＪシステムのサーバーを設置しているＸデータセンター被災時（Ｘデータセンターが使用不可能となった場合）の対応手順を取りまとめること
② 対象システムと対象業務
　・当社の基幹業務用システムであるＪシステムを対象とする。
③ 緊急時の体制（閲覧の結果、特に懸念事項はなかった）
④ 初期対応（閲覧の結果、特に懸念事項はなかった）
　ⅰ　対策本部の設置
　ⅱ　対策本部の体制
　ⅲ　安否確認
　ⅳ　被災状況の把握
⑤ 暫定対応（閲覧の結果、特に懸念事項はなかった）
⑥ 復旧対応（閲覧の結果、特に懸念事項はなかった）
⑦ 訓練（閲覧の結果、特に懸念事項はなかった）
〈ヒアリング結果〉
① Ｊシステムのバックアップサーバーは、Ｙデータセンターに設置している。
② Ｊシステムのデータは、Ｘデータセンターに設置しているサーバーからＹデータセンターに設置しているバックアップサーバーとリアルタイムで同期をとる仕組みとしている。
③ Ｊシステムの運用はＡ社へ外部委託しており、Ａ社本社において運用を行っている。
④ Ｘデータセンター被災時には、Ａ社本社設置のＪシステム運用端末および貴社本社設置のＪシステムクライアントの接続先をＹデータセンターに設置しているＪシステムバックアップサーバーへ切り替えることとしている。

図表5－3　Ｊシステムのサーバー等の設置場所

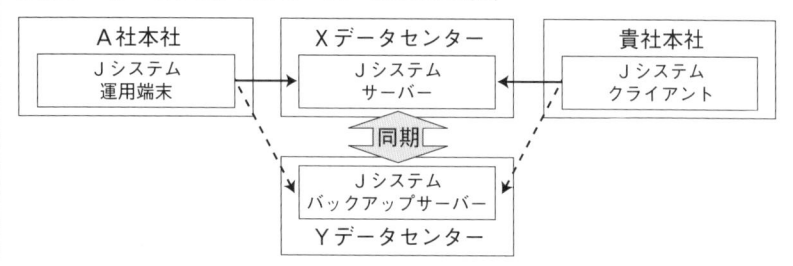

```
┌─ A社本社 ──────┐    ┌─ Xデータセンター ──┐    ┌─ 貴社本社 ──────┐
│  Ｊシステム     │ →  │  Ｊシステム         │ ←  │  Ｊシステム     │
│  運用端末       │    │  サーバー           │    │  クライアント   │
└─────────────────┘    └──────────┬──────────┘    └─────────────────┘
                             ↕ 同期
                       ┌──────────┴──────────┐
                       │  Ｊシステム         │
                       │  バックアップサーバー │
                       │  Yデータセンター     │
                       └─────────────────────┘
```

⑤　Ｊシステムのサーバー等の設置場所は、図表5－3のとおり。

[設　問]

　コンティンジェンシープランを作成する前提として、基幹システムであるＪシステムのサーバーが設置してあるＸデータセンター被災時を対象としているが、このリスクシナリオだけでは、十分ではないと考えられる。

①　前述の調査結果（[ヒアリング・資料閲覧の結果]）から、問題点およびリスクを特定せよ。

②　特定した問題点およびリスクをふまえ、報告書に記載する改善提案の内容を検討せよ。

● 演習問題6 ●

演習テーマ　被監査部門に対する問題点の説明

[前　提]

　監査の結果、次の問題点を検出した。

①　システムにおける開発部門と運用部門が分離されていない。

　具体的には、

　ⅰ　開発部門が運用部門に許可なくプログラムリリースができる。

　ⅱ　開発部門が運用部門に許可なく本番環境へアクセスできる。

②　ユーザIDの棚卸（保有者および付与権限の妥当性確認）が実施されて

いない。

　上記については、ほかに補完的統制が存在した場合、問題点となりえないこともあるが、本演習では問題点として考えてほしい。

[設　問]
① 前述の問題点に対するリスクを特定せよ。
② また、被監査部門が改善の必要性を認識するために、リスクに加えて被監査部門に説明すべき事項を検討せよ。

3 演習問題回答における留意事項

　演習問題は、システム監査のプロセスを体験していただくことが目的であり、「4」で紹介する回答を導き出すことが目的ではない。

　また、「4」で紹介する回答は、演習問題に記載した情報をもとにした回答事例であり、自社の置かれた環境、セキュリティポリシー等の方針、監査対象としたシステムの特性等により回答が異なる可能性があるので留意してほしい。

4 演習問題の回答例

──●　演習問題1　回答例　●──

演習テーマ　ユーザID・パスワード管理

a　設問への回答例

① 問題点は何か。

〈回答例〉

・運用上パスワードの定期変更を実施しているものの、確実に変更することを保証するための仕組みがない。

② リスクはどのようなものか。

〈回答例〉

　i 定期変更を怠った場合に、パスワードが第三者に知られるリスクが高まる。

　ii その結果、ユーザID・パスワードを悪意のある第三者に知られ、情報が漏えいする、または改ざんされるリスクが高まる。

③ リスクが顕在化した場合に、貴社へはどのような影響があるか。

〈回答例〉

・後述「b　リスクが顕在化した場合の影響、リスク低減策の有無の整理例」参照。

④ リスクの低減策は、存在しているか。

〈回答例〉

・後述「b　リスクが顕在化した場合の影響、リスク低減策の有無の整理例」参照。

b　リスクが顕在化した場合の影響、リスク低減策の有無の整理例

① 各システムにおいて、前述のリスクが顕在化した場合の影響はどの程度かを情報セキュリティの三要素（機密性／可用性／完全性）の観点から整理する。

② 情報セキュリティの三要素について、システムごとに重要度を示すと図表5－4のようになると考えられる。

③ 前述の問題点・リスクは、機密性に係るものであり、高い機密性が求められるA・B・Cシステムと、求められないD・Eシステムでは、リスクが顕在化した場合の影響が異なることとなる。

④ 一方、前述の問題点・リスクは、可用性については影響しないので、当設問では考慮する必要がないと考えることになる。
⑤ 機密性同様、高い完全性が求められるシステムについては、前述の問題点・リスクが顕在化した場合の影響は大きいが、当演習問題には、完全性に係る情報の記載がないため、検討の対象外とする。
⑥ 機密性を確保するためのコントロールとして、ユーザID・パスワードによる論理的なアクセス管理のほかに物理的なアクセス管理が考えられる。
⑦ B・Eシステムにおいては、セキュリティエリアを設置し、同エリアへの入室管理が厳格に行われていることから、前述のリスクを低減する効果が見込まれるが、A・C・Dシステムにおいては、物理的な

図表5－4　情報セキュリティの三要素におけるシステムごとの重要度

システム	情報セキュリティの三要素		
	機密性	可用性	完全性
A	高い機密性が求められる	高い可用性が求められる	情報なし
B	高い機密性が求められる	高い可用性が求められる	情報なし
C	高い機密性が求められる	高い可用性は求められない	情報なし
D	高い機密性は求められない	高い可用性は求められない	情報なし
E	高い機密性は求められない	高い可用性は求められない	情報なし

図表5－5　不正アクセスのリスク低減策（物理的・論理的アクセス管理）

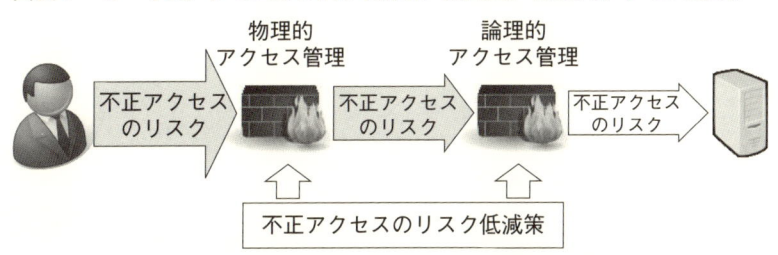

図表５－６　リスク低減策の有無

システム	リスク顕在化時の影響	リスク低減策
A	<u>影響が大きい</u>	<u>低減策無</u>
B	<u>影響が大きい</u>	低減策有
C	<u>影響が大きい</u>	<u>低減策無</u>
D	影響は小さい	<u>低減策無</u>
E	影響は小さい	低減策有

アクセス管理の存在を確かめることができない。

⑧　したがって、B・Eシステムは、A・C・Dシステムよりも、前述のリスクは低減されているということになる（図表５－５）。

これまでの検討結果から、各システムにおけるリスクが顕在化した場合の影響、リスクの低減策の有無は図表５－６のとおり整理できる。

〈AシステムおよびCシステム〉

・リスク顕在化時の影響が大きいうえに、リスク低減策がない状態であり、指摘事項とし、改善提案とあわせて報告することが適切と考えられる。

〈Bシステム〉

・物理的アクセスによるリスク低減策があり、実務では、当該低減策の有効度合いを評価した結果を考慮のうえ、報告を行うこととなる。

〈DシステムおよびEシステム〉

①　DシステムおよびEシステムは、そもそも、機密性が求められないシステムであり、リスク低減策の有無にかかわらず、リスクそのものが存在していないと整理することも考えられる。

②　一方で、情報が漏えいした場合、漏えいした情報の内容にかかわらず、情報漏えいの事実は風評リスクとなりうることから、Dシステムについては改善提案を行うという考え方もある。

c　AシステムおよびCシステムに係る報告書記載例

〈監査結果の記載例〉

図表5－7参照。

図表5－7　AシステムおよびCシステムに係る報告書記載例（監査結果の記載例）

> 「セキュリティポリシー」において、パスワードは90日ごとに変更することを定めているが、A(C)システムにおいては、システムの機能を利用してパスワードの強制変更を実施させることができないため、各利用者に3カ月ごとの変更を実施することを周知している。

→ 確かめた事実を記載

> しかしながら、実際にパスワードを変更したことを把握することが可能な運用にはなっていないため、A(C)システムの利用者が3カ月ごとにパスワードを変更していない可能性がある。
>
> このため、A(C)システムの利用者のパスワードが悪意ある第三者に漏えいし、結果として、A(C)システムからの情報漏えいにつながるリスクは、パスワードの定期変更を確実に実施している場合よりも高い状況にある。
>
> A(C)システムは大量の個人情報を保有していることから、情報漏えい事故が発生した場合の当社への影響は大きいため、確実にパスワードを定期変更する仕組みを導入することが肝要である。

→ 問題により顕在化する可能性のあるリスク、リスクが顕在化した際の影響を記載

〈改善提案の記載例〉

図表5－8参照。

図表5－8　AシステムおよびCシステムに係る報告書記載例（改善提案の記載例）

記載内容	注記
パスワードの定期変更を確実に実施するためのシステム開発や運用方法を検討することが必要である。	改善策として検討してほしい事項、改善の方向性を記載
たとえば、次のような施策を検討してほしい。 ・システムにパスワードの有効期限到来後の最初のログイン時に自動的にパスワード変更要求画面を表示する機能を追加する。	この場合には、システム開発が必要
・次のような運用によりパスワードの定期変更が行われていることを担保する。 （事例1） ・システム部のF課長が、3カ月ごとに、当該ユーザIDの利用者にパスワードの変更実施有無をヒアリングにより調査し、変更未了の利用者にはパスワード変更を指示するとともに、利用者ごとの変更実施有無を記録する。 （事例2） ・3カ月ごとに、A(C)システムのユーザID／パスワード管理ファイルを出力し、システム部のF課長が、パスワードの変更実施状況を調査する。変更未了の利用者にはパスワード変更を指示するとともに、利用者ごとの変更実施有無を記録する。	可能であれば、具体的な改善策の事例を記載
（事例3） ・A(C)システムの管理者が、管理者用ユーザIDでユーザID変更画面を開く。 ・当該ユーザIDの利用者がパスワードを変更する。 ・パスワード変更後、管理者が、パスワード変更完了メッセージを確かめ、パスワード変更が完了したことを記録する。	旧来のシステムを利用している場合、パスワード変更権限が管理者用ユーザIDにしかない場合あり

d　Bシステムに係る報告書記載例

〈監査結果の記載例〉

図表5－9参照。

図表5－9　Bシステムに係る報告書記載例（監査結果の記載例）

> 「セキュリティポリシー」において、パスワードは90日ごとに変更することを定めているが、Bシステムにおいては、システムの機能を利用してパスワードの強制変更を実施させることができないため、各利用者に3カ月ごとの変更を実施することを周知している。

　　　→ 確かめた事実を記載

> しかしながら、実際にパスワードを変更したことを把握することが可能な運用にはなっていないため、Bシステムの利用者が3カ月ごとにパスワードを変更していない可能性がある。
> このため、Bシステムの利用者のパスワードが悪意ある第三者に漏えいし、結果として、Bシステムからの情報漏えいにつながるリスクは、パスワードの定期変更を確実に実施している場合よりも高い状況にある。

　　　→ 問題により顕在化する可能性のあるリスクを記載

> 一方で、Bシステムへアクセス可能な端末は、セキュリティエリアに設置している。当該エリアに係る物理的アクセス管理は、次のとおりである。
> ・Bシステムの利用者のみに当該エリアへアクセス可能な入室カードを貸与している。
> （パターンA）このため、パスワードが漏えいした場合としても、端末へのアクセスを物理的に制限することにより、Bシステムへの不正アクセスのリスクを低減していると判断することができる。
> （パターンB）しかしながら、Bシステムは大量の個人情報を保有していることから、情報漏えい事故が発生した場合の当社への影響は大きいため、入室カードによる物理的なアクセス制限に加え、確実にパスワードを定期変更する仕組みを導入することが望まれる。

　　　→ リスク低減策の調査結果を記載。
　　　　リスク低減策によりリスクが十分に低減されていると判断する場合にはパターンAのとおり、リスクが低減されていることを明示。
　　　　リスクが十分に低減されていないと判断する場合には、パターンBのような記載とし、前記のような改善提案を記載

e　Dシステムに係る報告書記載例

〈監査結果の記載例〉

　図表5-10参照。

図表5-10　Dシステムに係る報告書記載例（監査結果の記載例）

記載内容	注記
「セキュリティポリシー」において、パスワードは90日ごとに変更することを定めているが、Dシステムにおいては、システムの機能を利用してパスワードの強制変更を実施させることができないため、各利用者に3カ月ごとの変更を実施することを周知している。	確かめた事実を記載
しかしながら、実際にパスワードを変更したことを把握することが可能な運用にはなっていないため、Dシステムの利用者が3カ月ごとにパスワードを変更していない可能性がある。 このため、Dシステムの利用者のパスワードが悪意ある第三者に漏えいし、結果として、Dシステムからの情報漏えいにつながるリスクは、パスワードの定期変更を確実に実施している場合よりも高い状況にある。	問題により顕在化する可能性のあるリスクを記載
ただし、Dシステムが保有している情報は、すでに公開されている情報のみであり、情報が漏えいした場合の当社への影響は軽微である。 したがって、既存の運用でも、システムリスク管理上、大きな問題はないと判断できる。	リスクの発現可能性がないことを記載して、結果として、問題はないことを記載。 なお、Dシステムについては、「個別監査計画書の作成」、あるいは「予備調査」の段階で、事前に当該監査の対象外とすることも考えられる。

（ただし、漏えいした事実が風評リスクとなることを重視し、改善の検討を求める記載とすることもありうる。）

f　Eシステムに係る報告書記載例

〈監査結果の記載例〉

図表5－11参照。

図表5－11　Eシステムに係る報告書記載例（監査結果の記載例）

> 「セキュリティポリシー」において、パスワードは90日ごとに変更することを定めているが、Eシステムにおいては、システムの機能を利用してパスワードの強制変更を実施させることができないため、各利用者に3カ月ごとの変更を実施することを周知している。

　　　　　　　　　　　　　　　← 確かめた事実を記載

> しかしながら、実際にパスワードを変更したことを把握することが可能な運用にはなっていないため、Eシステムの利用者が3カ月ごとにパスワードを変更していない可能性がある。
> このため、Eシステムの利用者のパスワードが悪意ある第三者に漏えいし、結果として、Eシステムからの情報漏えいにつながるリスクは、パスワードの定期変更を確実に実施している場合よりも高い状況にある。

　　　　　　　　　　　　　　　← 問題により顕在化する可能性のあるリスクを記載

> 一方で、Eシステムへアクセス可能な端末は、セキュリティエリアに設置している。当該エリアに係る物理的アクセス管理は、次のとおりである。
> ・Eシステムの利用者のみに当該エリアへアクセス可能な入室カードを貸与している。
> 　また、Eシステムが保有している情報は、すでに公開されている情報のみであり、情報が漏えいした場合の当社への影響は軽微である。
> 　したがって、既存の運用でも、システムリスク管理上、大きな問題はないと判断できる。

　　　　　　　　　　　　　　　← リスク低減策の調査結果、リスクの発現可能性がないことを記載して、結果として、問題はないことを記載。
　　　　　　　　　　　　　　　なお、Eシステムについても、Dシステム同様、「個別監査計画書の作成」、あるいは「予備調査」の段階で、事前に当該監査の対象外とすることも考えられる。

●──── 演習問題2　回答例 ────●

演習テーマ　システム運用（オペレーション管理）

a　設問への回答例

① 前述の調査結果から、問題点およびリスクを特定せよ。

〈回答例〉

相互牽制については、すべての作業が完了した後、オペレータリーダーが作業完了のチェックを実施しているのみとなっているため、ミスや不正の発見が遅れるリスクが十分に低減されていない。

② リスク低減策を検討せよ。

〈回答例〉

重要なオペレーションについては、2名体制で実施し、相互牽制を図り、ミスや不正を防止することがリスク低減策として考えられる。また、2名で実施すべき重要なオペレーションについての基準を作成し、貴社の統制に組み込むことが肝要である。なお、重要なオペレーションとしては、次のようなものが考えられる。

　　ⅰ　システム立上げ

　　ⅱ　システム遮断

　　ⅲ　障害装置の切り離し

　　ⅳ　回線の論理的遮断

　　ⅴ　本番データの更新処理

　　ⅵ　本番データを更新するジョブの実行

　　ⅶ　本番データの外部記憶装置への出力　等

③ 特定した問題点、リスク、および検討したリスク低減策をもとに、報告書に記載する内容を検討せよ。なお、報告書には次について記載せよ。

　　ⅰ　発見した問題点およびリスク（どのようなリスクがあるか）

〈回答例〉

当日のオペレーション結果については、オペレーションを実施したオペレータが、「オペレーション指示書」上の「チェック欄」に実施した時間を記入し、押印している。当日のオペレーション完了後、オペレー

タリーダーが「オペレーション指示書」により、当日実施する予定のすべてのオペレーションが完了したことを確認し、同指示書上の「実施確認」欄に押印している。

しかしながら、現在の統制では、すべてのオペレーションをオペレータ1名で実施していることから、ミスや不正を早期に発見することができないリスクがある。

　ⅱ　改善提案（リスク低減策）

〈回答例〉

重要なオペレーションについては、2名体制で実施する運用とすることが必要である。また、重要なオペレーションを2名で実施していることをオペレータリーダーが検証できるように、2名で実施する重要なオペレーションについては、「オペレーション指示書」の「チェック欄」に「確認者」欄を追加し、2名で実施していることを明確にすることが必要である。

なお、重要なオペレーションについては、基準（前述「リスク低減策に係る回答例」参照）を作成し、すべてのオペレーションが同一の基準で行われるように留意することが望まれる。

b　オペレーションにおけるリスクとコントロールの整理例

①　監査項目の設定時に、オペレーション管理（作業管理）におけるリスクとコントロールを整理する。この際、各種外部基準を参考にすることも有用である。

　　ここで整理したコントロールが、一般的には監査項目のベースとなる。たとえば、図表5－12のような整理が考えられる。

②　上記のコントロール（監査項目）ごとに演習問題の［ヒアリング・資料閲覧の結果］を整理すると、図表5－13のとおりとなる。

③　ヒアリング・資料閲覧の結果、確認できたコントロールにより、リスクが十分に低減できているかどうかを検討する（図表5－14）。

図表5－12　オペレーション管理におけるリスクとコントロール

リスク	コントロール（監査項目）
・オペレーションミスや不正操作により、運用スケジュール全体の遅延やシステム障害が発生すること ・相互牽制態勢が不十分なことにより、オペレーションにおけるミスや不正の発見が遅れること	・すべてのオペレーションは、承認されたオペレーション指示書に基づいて行うこと ・オペレータが予定外のオペレーションを行わないように、事前または事後のチェックを行うこと ・重要なメッセージが表示された場合は、管理者の承認後にオペレーションを進めること ・重要なオペレーションやコマンド投入の際は、相互確認を行うこと

図表5－13　コントロールごとのヒアリング・資料閲覧結果の整理

コントロール（監査項目）	ヒアリング・資料閲覧の結果
・すべてのオペレーションは、承認されたオペレーション指示書に基づいて行うこと	・承認されたオペレーション指示書に基づき実施している。
・オペレータが予定外のオペレーションを行わないように、事前または事後のチェックを行うこと	・オペレータが作業を実施し、すべての作業が完了した後、オペレータリーダーが作業完了のチェックを実施している。
・重要なメッセージが表示された場合は、管理者の承認後にオペレーションを進めること	・オペレーション指示書に記載したメッセージ以外が表示された場合は、開発担当者へ連絡している。
・重要なオペレーションやコマンド投入の際は、相互確認を行うこと	・オペレータが作業を実施し、すべての作業が完了した後、オペレータリーダーが作業完了のチェックを実施している。

④　ヒアリング・資料閲覧の結果、相互牽制については、すべての作業が完了した後、オペレータリーダーが作業完了のチェックを実施して

図表5-14 残存リスクの検討

リスク	ヒアリング・資料閲覧の結果 （コントロール）
・オペレーションミスや不正操作により、運用スケジュール全体の遅延やシステム障害が発生すること ・相互牽制態勢が不十分なことにより、オペレーションにおけるミスや不正の発見が遅れること	・承認されたオペレーション指示書に基づき実施している。 ・オペレーション指示書に記載したメッセージ以外が表示された場合は、開発担当者へ連絡している。 ・オペレータが作業を実施し、すべての作業が完了した後、オペレータリーダーが作業完了のチェックを実施している。

いるのみとなっているため、オペレーションにおけるミスや不正の発見が遅れるリスクが十分に低減されていないと考えられる。

● 演習問題3 回答例 ●

演習テーマ 外部委託管理

a 設問への回答例

① 前述の調査結果から、問題点およびリスクを特定せよ。

〈回答例〉

i Jシステムの環境では、受入環境にも本番データがあり、受入環境にはA社の要員もアクセス可能な状況にある。

ii 一方、業務報告書には、受入環境の本番データへの不正アクセスリスクに対する対応状況についての報告事項は含まれていない。

iii 上記の整理から問題点およびリスクは、次のように考えられる。

(問題点)

・受入環境に本番データがあるにもかかわらず、本番データへの不正アクセスへの対応状況についての報告を受けていない。

（リスク）

・本番データが改ざん、漏えいするリスク

② 上記の問題点およびリスクについての検討結果をふまえ、報告書に記載する改善提案の内容を検討せよ。

〈回答例〉

受入環境における本番データへのアクセス管理の状況について報告を受けておらず、当該環境における外部委託先での不正アクセスリスクへの対応状況を把握できない状況であるので、改善提案として、たとえば、次のような事項について報告を受けるよう要求することが考えられる。

　i 　受入環境における本番データへのアクセス制限状況
　ii 　本番データのテストでの利用実績
　iii　テスト完了後の本番データ削除確認状況

図表5-15　外部委託先からの業務報告事項の整理例

外部委託業務	リスク	業務報告書に必要な事項例
開　発	開発が遅延するリスク	・進捗状況 ・課題管理票
開　発	品質上の問題があり障害が発生するリスク	・工程別品質管理指標
開　発	本番データをテストに利用する場合、本番データへの不正アクセスリスク	・テスト環境の本番データへのアクセス制限状況 ・本番データのテストでの利用実績 ・テスト完了後の本番データ削除確認状況 ・セキュリティに係る自主点検結果
運　用	本番データへの不正アクセスリスク	・本番データへのアクセスログのモニタリング結果 ・セキュリティに係る自主点検結果

b 外部委託先からの業務報告事項の整理例

① 外部委託先からの業務報告書の記載事項として必要な事項を特定するために、たとえば、次の観点から検討する方法がある。

　i 契約上、外部委託先に報告を義務づけている事項が含まれているか。

　ii 外部委託している業務におけるリスクへの対応状況を把握するために必要な事項が含まれているか。

② 上記の「外部委託している業務におけるリスクへの対応状況を把握するために必要な事項が含まれているか」を検討した場合、たとえば、図表5−15のような整理が考えられる。

● 演習問題4　回答例 ●

演習テーマ システム障害管理

a　設問への回答例

① 前述の調査結果から、問題点およびリスクを特定せよ。

　ヒント1

　責任者（システム部門長）への報告タイミングは適切か。

〈回答例〉

当該障害発生以降の経緯がわかるよう、ポイントとなる日付を、次のように整理する。

　i 承認者（システム部門長）の承認日：2011／5／10

　ii 当該障害に係る発生から再発防止策実施までの経緯を示す日付

　　・障害発生日：2011／4／1

　　・暫定対応実施日：2011／4／1

　　・本格対応実施日：2011／4／18

　　・再発防止策実施日：2011／5／10

上記の整理から、問題点およびリスクは、次のように考えられる。

（問題点）
　　・障害発生時に責任者へ口頭での報告が行われた後、再発防止策実施前まで、当該障害に係る責任者への報告を実施していない。
　　（リスク）
　　・障害発生の責任者への報告が遅れることにより、障害対応が適切な指示のもとに行われず、迅速かつ適切な復旧ができないこと（障害の影響拡大、二次障害発生のリスク）。

ヒント2
障害原因は、真の原因となっているか。
〈回答例〉
　　（問題点）
　　・障害原因について、有効な再発防止策を検討できる程度まで分析していない。
　　（リスク）
　　・有効な再発防止策を検討できず、同様の障害が再発すること。

ヒント3
再発防止策は、実効性のある記載となっているか。
〈回答例〉
　　（問題点）
　　・再発防止策に記載の「検証を徹底する」ことについて、具体的にどのように徹底するかを記載しておらず、実効性に懸念がある。
　　（リスク）
　　・有効な再発防止策が徹底されず、同様の障害が再発すること。

② 上記の問題点およびリスクについての検討結果をふまえ、報告書に記載する改善提案の内容を検討せよ。
〈回答例〉
　　（責任者への報告タイミングについて）

- 責任者が障害対応に係る指示を適切に行うことができるよう、障害対応の状況を次のようなタイミングで（責任者へ）報告することが考えられる。
    - i　障害発生時
    - ii　障害の影響範囲判明時
    - iii　障害原因判明時
    - iv　暫定対応実施時（実施の承認）
    - v　本格対応実施時（実施の承認）
    - vi　再発防止策実施時（実施の承認）
    - vii　上記にかかわらず、一定時間経過後（定期報告）
- 上記のように、責任者への報告タイミングを整理したら、報告もれを防ぐために、たとえば、次のように「障害記録票」の記載欄や運用ルールを検討することが考えられる。
    - i　「障害記録票」の記載欄に責任者への報告タイミングを記録する（図表5－16）。
    - ii　報告タイミングごとに「障害記録票」を作成する。
        （なお、当該改善対応案を採用する場合は、1件の障害に対し、複

図表5－16　障害記録票の記載欄（責任者への報告タイミングの記録）

	障害記録票		
責任者 報告・承認	障害発生時報告日		責任者押印欄
	障害の影響範囲報告日		責任者押印欄
	障害原因報告日		責任者押印欄
	暫定対応承認日		責任者押印欄
	本格対応承認日		責任者押印欄
	再発防止策承認日		責任者押印欄

図表5-17 報告タイミングごとの「障害記録票」作成イメージ

障害記録票（障害発生報告用）	
障害発生時報告日	
責任者押印欄	

障害記録票（本格対応承認用）	
本格対応承認日	
責任者押印欄	

障害記録票（暫定対応承認用）	
暫定対応承認日	
責任者押印欄	

障害記録票（再発防止策承認用）	
再発防止策承認日	
責任者押印欄	

数枚の「障害記録票」を作成することになるため、管理方法に注意を要する。また、各タイミングで作成する「障害記録票」に記載する項目についても、重複を避けるための考慮が必要になる。図表5-17）。

▶障害原因について

たとえば、「なぜなぜ分析」（156頁参照）を行う等により、有効な再発防止策を検討できる程度まで踏み込んで、障害原因の分析を行う。

▶再発防止策について

再発防止策を実施していることを事後検証できるような、具体的な再発防止策を策定する。たとえば、次のような再発防止策が考えられる。

・テストケースチェックシートに検証印欄を設け、テストケース作成時の検証を徹底する。

● 演習問題5　回答例 ●

演習テーマ　コンティンジェンシープラン

［設問への回答例］

① 前述の調査結果から、問題点およびリスクを特定せよ。

〈回答例〉

コンティンジェンシープランとして、J社の基幹系システムである

サーバーを設置しているXデータセンター被災時を想定したコンティンジェンシープランを作成しているが、次の問題点がある。

(問題点)
i Jシステムのクライアントを設置している貴社本社、Jシステムの運用端末を設置しているA社本社の被災時の業務への影響分析を実施していないため、両拠点被災時のコンティンジェンシープランの要否を経営層が判断することができない（判断する材料がない）。

ii 貴社の業務のうち、どの業務についてコンティンジェンシープランを整備すべきかの優先順位づけを実施していないため、コンティンジェンシープランを作成すべき対象業務を経営層が判断することができない（判断する材料がない）。

また、リスクは、次のとおりである。

(リスク)
・想定されるべきリスクが網羅されない、あるいはリスクの重大さが評価・分析されないことで、実効性のあるコンティンジェンシープランが策定されないこと。

② 上述の問題点およびリスクについての検討結果をふまえ、報告書に記載する改善提案の内容を検討せよ。

〈回答例〉
対象とする危機およびシナリオを明確化し（現状では、貴社本社およびA社本社被災時のシナリオがもれている）、シナリオごとの業務への影響度合いに基づく対応の優先順位づけを行う必要がある。

● 演習問題6　回答例 ●

演習テーマ　被監査部門に対する問題点の説明

[設問への回答例]
① 問題点を整理するためには、図表5－18のような観点が重要と考え

図表5－18　問題点を整理するための観点

```
                    問題点
        ┌─────────────┼─────────────┐
   リスク（納得性）      正確性          客観性
```

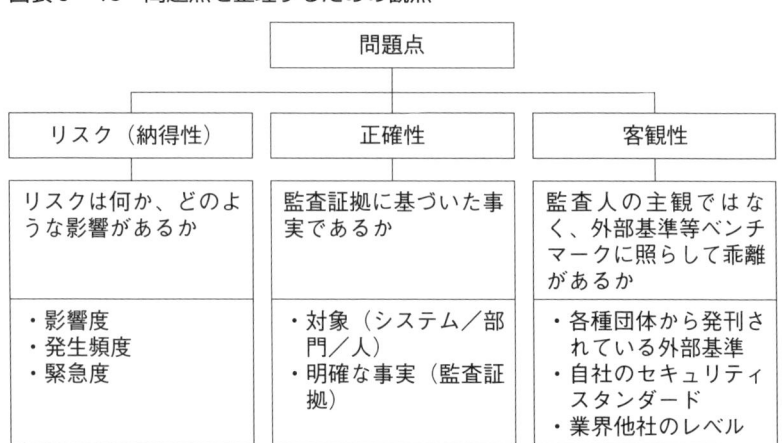

リスク（納得性）	正確性	客観性
リスクは何か、どのような影響があるか	監査証拠に基づいた事実であるか	監査人の主観ではなく、外部基準等ベンチマークに照らして乖離があるか
・影響度 ・発生頻度 ・緊急度	・対象（システム／部門／人） ・明確な事実（監査証拠）	・各種団体から発刊されている外部基準 ・自社のセキュリティスタンダード ・業界他社のレベル

図表5－19　被監査部門への説明内容（開発部門と運用部門の分離の問題）

観　点	説明内容（例）
リスク （納得性）	・開発部門と運用部門を分離していない場合には、次のようなリスクが残存している。 　・システム開発・運用業務において誤謬や不正が発生するおそれがある。また、発生した誤謬や不正の発見が遅れる。 　・悪意のある開発者が不正に作成したプログラムをリリースする。 　・悪意のある開発者が本番環境へアクセスし、不正な作業を実施する。
正確性	・ヒアリング・資料閲覧の結果、開発部門と運用部門の職務を分離していない業務が存在している。 　・システム管理規程の閲覧により、プログラムのリリース作業について、運用部門および開発部門の役割が明確になっていないことを確かめた。 　・システム部門へのヒアリングにより、開発者が、運用部門の承認なしで、本番環境へアクセスしプログラムのリリース作業を実施していることを確かめた。
客観性	・当監査は、次の外部基準をベンチマークとして実施している。 　・預金等受入金融機関に係る検査マニュアル（Ⅲ2(1)） 　　・「個人のミスおよび悪意をもった行為を排除するため、システム開発部門と運用部門の分離分担を行っているか」

図表 5－20　被監査部門への説明内容（ユーザIDの棚卸の問題）

観　点	説明内容（例）
リスク （納得性）	・ユーザIDの棚卸を実施していない場合には、次のようなリスクが残存している。 　・異動、退職等により不要となったユーザIDの削除がもれ、当該ユーザIDが不正に利用される。 　・異動等により一部の権限が不要となったユーザIDの当該権限の削除がもれ、当該権限が不正に利用される。
正確性	・ヒアリング・資料閲覧の結果、ユーザIDの棚卸を実施していない。 　・ユーザID／パスワードの管理手続について定めているシステム管理規程をはじめ、当社のセキュリティ管理、システム管理に係る規程類を閲覧した結果、ユーザIDの棚卸に係る手続を定めていないことを確かめた。 　・システム部門および利用部門へのヒアリングにより、ユーザIDの棚卸は実施していないことを確かめた。
客観性	・当監査は、次の外部基準をベンチマークとして実施している。 　・預金等受入金融機関に係る検査マニュアル（Ⅲ 1(2)(ⅲ)） 　　・「端末機の使用およびデータやファイルのアクセス等の権限については、その重要度に応じた設定・管理方法を明確にしているか」

られる。

② 上記の「問題点を整理するための観点」をふまえ、次の事項について、被監査部門へ説明する必要がある。

〈問題点「開発部門と運用部門が分離されていない」について〉

図表 5－19参照。

〈問題点「ユーザIDの棚卸が実施されていない」について〉

図表 5－20参照。

第 6 章

参 考 情 報

1 システム監査人のスキル・能力体系

　既述のとおり、システム監査を実施するうえでは、考慮すべきさまざまなポイントがある。適切なシステム内部監査体制を整備するためには、このようなシステム監査上のポイントをよく理解した専門的なスキルのある要員を確保・育成する必要があると考えられる。

　「1」では、システム監査人のスキル・能力体系について、「知識」「経験」「能力」の観点から整理する。

(1) 知　　識

　既述のとおり、実効性のあるシステム内部監査を実施するためには、システムリスクの所在を的確に識別し、そのリスクが顕在化した場合の業務や顧客等への影響度合いを見極めることが肝要である。

　システムリスクを的確に識別するためには、システム開発、システム運用、システム基盤、ネットワークといったシステムのさまざまな領域における知識が必要である。自社が保有・運営・利用するシステムによっては、Webアプリケーションやクラウドコンピューティングに関する知識等が必要となることも考えられる。

　システムリスクが顕在化した場合の業務への影響を見極めるためには、システムだけではなく、業務についても精通していることが求められる。

　また、システム・業務の知識に加えて、各種団体が発行しているシステム監査に有用なさまざまな外部基準に関する知識等、システム監査に関する知識も必要である。

　システム監査に関する基本的な知識は、各種団体が主催する外部セミナーへの参加やCISA（公認情報システム監査人）、システム監査技術者といった資

格の受験を通じて習得を図ることも有用である。

　システム監査人に求められる知識の領域としては、次のような領域が考えられる。

【システムの知識】
① 情報システム企画・開発・運用・利用
② 情報セキュリティ管理、セキュリティ関連技術
③ 通信関連技術
④ OS・DB関連技術
⑤ 最新システム技術動向

【業務の知識】
① 預金・融資・為替関連業務
② 証券関連業務
③ 保険関連業務
④ 投資信託関連業務
⑤ デリバティブズ

【システム監査の知識】
① 監査一般基準／ガイドライン
② 関連法規
③ リスクマネジメント
④ 内部統制／企業統治

(2) 経　　験

　システムや業務に関する知識を有していたとしても、システムの開発・運用業務、あるいはシステム利用部門における業務等、実際の実務経験がないと、実効性のあるシステム監査を実施することはむずかしいと考えられる。

　知識というのは、システム監査を実施するうえでベースとなるものであるが、実際にシステム監査を行う際には、機械的・画一的に理論を適用するの

ではなく、業態の特性や組織・システムの規模等を十分に考慮し、実態リスクをふまえて柔軟に対応する必要がある。こうした柔軟な対応を行い、被監査部門に対しても説得力のある改善提言を行うためには、知識だけではなく、システム・業務における相応の実務経験も必要であると考えられる。

特に、システムに関する実務経験の有無は、実態的なシステムリスクを見極めるためには非常に重要な要素であり、システム部門経験者の内部監査部門への配置や外部からの人材確保（中途採用等）を行っている金融機関も多く見受けられる。

知識は経験による裏付けがあってこそ、よりいっそう説得力を増すものであるし、また、経験は知識によって体系的に整理されることにより、いっそう生きてくるものと考えられる。そういう意味では、「経験」も「知識」と同様にシステム監査人に求められる重要な要素の一つであるといえる。

システム監査人に求められる実務経験の領域としては、次のような領域が考えられる。

【システム経験】
① 情報システム企画・開発・運用・利用
② 情報セキュリティ管理、セキュリティ関連技術
③ 通信関連技術
④ OS・DB関連技術

【業務経験】
① 預金・融資・為替関連業務
② 証券関連業務
③ 保険関連業務
④ 投資信託関連業務
⑤ デリバティブズ

【システム監査に関連する経験】
① リスクマネジメント

② 内部統制／企業統治

(3) 能　　力

　知識と経験以外にも、システム監査人にはさまざまな能力が求められる。

　たとえば、システム内部監査を実施する際には、「監査計画の立案・監査実施の準備」「監査実施」「報告書作成」「報告会の実施」といった各ステップを踏む必要があり、効率的に監査を進めていくためには、プロジェクト管理に通じる能力が必要と考えられる。

　被監査部門へのヒアリング等も実施するため、コミュニケーション能力も必要であるし、報告書作成の際には文書作成能力も求められる。

　個々の発見事項について、個別の改善対応で終わらせることなく、本質的な改善策を提言するためには、それぞれの発見事項に共通する問題点・リスクを「抽象化」して整理する能力が必要である。逆に、抽象的な問題点・リスクについて、被監査部門に改善対応の必要性を理解してもらうためには、具体的な事例をあげて説明するといった「具体化」が必要な局面も出てくると考えられる。

　また、システム監査人は、被監査部門から独立した立場から客観的な監査判断を行う必要があり、このような業務の性質上、強い倫理観や責任感をもって誠実に業務（システム監査）を遂行することが求められる。

　システム監査人に求められる能力としては、次のようなものが考えられる。

【システム監査人に求められる能力】
① プロジェクト管理スキル
② コミュニケーション能力
③ 文書作成能力（文書表現力）
④ 問題発見／分析力
⑤ 抽象化／具体化スキル

⑥　職業倫理／責任感

(4) スキル・能力体系まとめ

　前述のとおり、システム監査人には、システム・業務・システム監査に関する「知識」と、これらの領域における「経験」が求められる。また、「知識」と「経験」を基盤として、システムに関する問題点・リスクを発見し、実効性のある改善策を提言する力と意欲が求められる。そして、こうした職務を果たすためには、システム・業務とは直接関係しないさまざまな「能力」も必要になってくる。

　このように、実効性のある質の高いシステム監査を実施するためには、「知識」「業務」「能力」の三要素をバランスよく兼ね備えたシステム監査要員を確保し、継続的に教育・育成することが肝要である。

　「知識」「業務」「能力」を兼ね備えたシステム監査要員の確保がむずかし

図表6－1　システム監査人に求められるスキル・能力体系

能力
- 知識と経験を基盤とし、新たな課題達成に向けて業務を遂行する力と意欲
- 職業倫理／責任感
- コミュニケーション
- プロジェクト管理
- 問題発見／分析
- 文書表現
- 抽象化／具体化

知識
- 業務を遂行するための前提となるシステム企画／開発／運用／利用／技術的な知識と対象領域に係る専門的な業務知識

経験
- システム企画／開発／運用／利用工程や対象領域に係る実際の業務経験

中心：高品質なシステム監査

情報システム企画	情報セキュリティ管理	預金関連業務	リスクマネジメント
情報システム開発	セキュリティ関連技術	融資関連業務	内部統制／企業統治
情報システム運用	通信関連技術	為替関連業務	デリバティブズ
情報システム利用	OS／DB関連技術	証券関連業務	投資信託関連業務
最新システム技術動向	関連法規	監査一般基準／ガイドライン	保険関連業務

い場合には、外部専門家を活用することも有用と考えられる。外部専門家を活用することで、単に専門的なスキルのある要員の不足を解消するだけでなく、システム監査に関するさまざまなノウハウを吸収することも期待できる。

システム監査人に求められるスキル・能力体系を図示すると、図表6－1のとおりである。

2 さまざまな外部基準

現在は、システムリスク管理、情報セキュリティ管理、システム監査等に関連するさまざまな基準（ガイドライン等）が存在し、各種団体より公表されている。

システム監査を実施する際に、これらの外部基準を機械的・画一的に適用してしまうと、実態リスクをふまえた問題点の発見や適切な改善提言ができなくなるおそれがあるが、業務の特性や組織・システムの規模等、自社の実態や取りまく環境を十分に考慮し、また、本書でこれまでに説明してきたシステム監査上のポイント等に十分留意したうえで外部基準を活用することは、システム監査の客観性やチェック項目の網羅性確保の観点からは非常に有用であると考えられる。

「2」では、現在公表されているさまざまな外部基準について、ほんの一部だが紹介する。代表的な外部基準には、次のようなものがある。

(1) 金融庁 (FSA)

外部基準	内　容
『預金等受入金融機関に係る検査マニュアル』―「オペレーショナル・リスク管理態勢の確認検査用チェックリスト」―「別紙2．システムリスク管理態勢」	金融庁が預金等受入金融機関（銀行、信用金庫、信用協同組合等）に求めるシステムリスク管理態勢の確認項目を網羅的にまとめた最もスタンダードなベンチマーク
『保険会社に係る検査マニュアル』―「オペレーショナル・リスク等管理態勢の確認検査用チェックリスト」―「2．システムリスク管理態勢」	金融庁が保険会社に求めるシステムリスク管理態勢の確認項目を網羅的にまとめた最もスタンダードなベンチマーク
『システム統合リスク管理態勢の確認検査用チェックリスト』	合併や持株会社化等によるシステム統合のリスク管理態勢を検査するためのチェックリスト

(2) 証券取引等監視委員会 (SESC)

外部基準	内　容
『金融商品取引業者等検査マニュアル』―「システムリスク管理態勢」	証券取引等監視委員会が金融商品取引業者等に求めるシステムリスク管理態勢の確認項目を網羅的にまとめた最もスタンダードなベンチマーク

(3) 金融情報システムセンター (FISC)

外部基準	内　容
『金融機関等のシステム監査指針』	ITガバナンス、ITコントロールについて全社的な観点でとらえ、情報システム部門に限定しない各領域における監査対象とチェックポイントを詳細に定めたガイドライン

『金融機関等コンピュータシステムの安全対策基準・解説書』	コンピュータシステムの障害等を未然に防止するとともに、発生時の影響を最小化し、早期の回復を図るために必要とされる安全対策として定められたガイドライン
『金融機関等におけるコンティンジェンシープラン策定のための手引書』	大規模な自然災害や不慮の事故等、不測の事態が発生した場合に事業継続を図るためのコンティンジェンシープランを作成する手引きとして定められたガイドライン

(4) 経済産業省

外部基準	内容
『システム監査基準』	システム監査を実施する監査人の行為規範。一般基準、実施基準、報告基準の三つから構成される
『システム管理基準』	システム監査基準に沿って監査を実施する際に監査上の判断をする際に尺度として用いられる基準であり、組織体が効果的なコントロールを適切に整備・運用するための実践的な規範をまとめたガイドライン
『情報セキュリティ監査基準』	情報セキュリティ監査を実施する監査人の行為規範。一般基準、実施基準、報告基準の三つから構成される
『情報セキュリティ管理基準』	情報セキュリティ監査基準に沿って監査を実施する際に監査上の判断の尺度として用いられる基準であり、組織体が効果的な情報セキュリティマネジメント体制を構築し、適切なコントロール（管理策）を整備・運用するための実践的な規範をまとめたガイドライン

『事業継続計画策定ガイドライン』	企業等が事業継続計画（BCP）を策定する際の考慮点をまとめたガイドライン
『ITサービス継続ガイドライン』	『事業継続計画策定ガイドライン』と対をなしており、ITサービス継続に係る、具体的な実施策をまとめたガイドライン
『情報システム安全対策基準』	情報システムの機密性、可用性、完全性を確保するため、自然災害、機器障害、過失等のリスクを未然に防止し、影響を最小化するための実施対策項目をまとめたもの

(5) 情報システムコントロール協会（ISACA）

外部基準	内容
『Control Objectives for Information and related Technology（COBIT）』	セキュリティ管理に関するベストプラクティスの国際標準
『IT Standards, Guidelines, and Tools and Techniques for Audit and Assurance and Control Professionals』	情報システム監査手続等を詳細に記載したガイドライン。取り扱っている領域は幅広く、基本的な監査手続からインターネット銀行システム、VPN等のネットワークシステムの監査等の項目も用意され、システム監査を実施するうえで指針となるもの
『IS Standards for Auditing and Control Professionals』（日本語版）	ISACAの情報システム監査基準について日本語訳されたもの

(6) 日本規格協会

外部基準	内　容
『情報セキュリティマネジメントシステム要求事項』（JIS27001）	金融機関に限らず一般事業会社も対象とし、企業における情報セキュリティ管理として求められる管理項目を定めたベンチマーク

(7) 米国連邦金融機関検査協議会（FFIEC）

外部基準	内　容
『Information Systems Examination Handbook』	米国基準の金融機関に係る情報システム検査項目等を取りまとめたマニュアル。システムに関して広範囲かつ詳細にさまざまなガイドラインが用意されている

(8) シンガポール通貨監督庁（MAS）

外部基準	内　容
『Internet Banking Technology Risk Management Guidelines』	シンガポール通貨監督庁が定めるインターネット・バンキングのリスク管理ガイドライン ソースコード・レビューといった詳細なレベルのものからBCPに至るまで幅広く取りまとめられている

用 語 説 明

あ行

頁	用　語	説　　明
4	ASPサービス	Application Service Provider Serviceの略。 利用者はApplication Service Providerが提供するサービスを利用して自社の業務を行う。 サービスには、アプリケーションに加え、当該アプリケーションが稼働するためのサーバー等のハードウェアやOS等のソフトウェアの維持管理も含まれており、利用者は当該サービスの利用量（利用者数、データ量、利用時間）等に応じて利用料金を支払う契約となっている。
12	SSAE16	Statement on Standards for Attestation Engagements No.16の略。 米国公認会計士協会が定めた、受託業務（システム開発・システム運用を含む）を行う企業の内部統制の有効性を評価する保証基準。 日本では、同様の基準として、日本公認会計士協会が定めた『改定18号に係る更改草案「監査・保証実務委員会実務指針第86号『受託業務に係る内部統制の保証報告書』」』が存在する。
53	オンライン	利用部門においてアプリケーションを利用できる状態。対義語として「オフライン」があるが、これは、利用部門においてアプリケーションが利用できない状態を意味する。
62	EB（エレクトロニックバンキング）	銀行・信用金庫・信用組合等が提供するファームバンキング（FB）、インターネットバンキング（IB）の総称。 一般的に、ファームバンキングでは専用の端末を設置し振込・残高照会等のサービスを利用でき、インターネットバンキングではWebブラウザを導入した通常のパソコンから振込・残高照会等のサービスを利用することができる。

頁	用　語	説　　明
62	インターネットバンキング	インターネットを利用して、通常のパソコンから振込・残高照会等を行う銀行・信用金庫・信用組合等が提供するサービス。
63	オペレーティング・システム	実際にユーザが利用するアプリケーションをハードウェア上で稼働させるために必要な基本ソフト。 Windows系、UNIX系、ホスト系等さまざまな種類がある。
72	Web アプリケーション	インターネットやイントラネット上で、Webブラウザ経由で提供されるアプリケーション。 利用者にとっては、Webブラウザを操作する感覚でアプリケーションを操作することができるといった利点があるが、システム環境によっては、インターネット上で発生しているサイバー攻撃等のセキュリティ上の問題についての対策を講じる必要があるといった側面をもつため、システム内部監査においてWebアプリケーションを対象とする場合には、当該プリケーションのシステム構成、セキュリティ対策について注視する必要がある。
98	イントラネット	インターネット標準の技術を活用して構築した企業内のネットワークのこと。
99	EUCシステム	End User Computingの略。 一般的には、利用部門が開発、あるいは導入したシステムをいう。ただし、金融機関ごとにEUCシステムの定義や名称はさまざまであることに留意する必要がある。
116	IPS	Intrusion Prevention Systemの略。 サーバーやネットワークへの不正侵入を阻止するツール。専用のハードウェアを設置する形態とサーバーに専用のソフトウェアを導入する形態がある。
116	IPアドレス	ネットワーク上の機器を識別するために機器ごとに割り振られた番号。 ネットワーク上の機器を特定する情報であるため、一般に重要な情報として取り扱われる。

頁	用語	説明
121	SSL	Secure Socket Layerの略。 インターネット上で情報を暗号化して送受信するプロトコル。SSLを利用することで、データの盗聴や改ざん、なりすましを防ぐことができるといわれている。
131	Webフィルタリング	インターネットのサイトの閲覧を制限するための機能。一般的にインターネットを利用する際のセキュリティ対策の一環として実施しており、たとえば、業務上閲覧が不要なサイトへのアクセスを制限するために利用している。
138	RCM	Risk Control Matrixの略。 業務等に係るリスクとコントロールを洗い出し、リスクに対するコントロールの関係を取りまとめたもの。 RCMにより、たとえば、コントロールが存在していないリスクを特定することが可能になる。 また、コントロールを予防・発見・回復に区分することで、リスクに対し、発見コントロールは存在しているが予防コントロールが存在していないなどの分析が可能になる。
138	SLA	Service Level Agreementの略。 もともとは、通信サービス業者と利用者が、回線の通信速度等確保する品質項目・水準、品質水準を達成できなかった場合の罰則等について取り決めたもの。 現在は、システム運用の委託元と委託先の間でも締結されることがある。 この場合、SLAの品質項目・水準はシステム運用に係る事項となるが、達成できなかった場合の罰則等については、利用料金の減額に結びつけているケースはまれであり、改善策を検討・実施するといった内容になっていることが多い。
183	INS	Information Network Systemの略。 NTT東日本、NTT西日本が提供する回線サービスの一つ。

か行

頁	用語	説明
2	外部基準	外部機関において作成されたシステムリスク管理に係る基準。 たとえば、金融庁・証券取引等監視委員会のいわゆる『金融検査マニュアル』や公益財団法人金融情報システムセンターの『金融機関等のシステム監査指針』『金融機関等コンピュータシステムの安全対策基準・解説書』等がある。
3	勘定系システム	会計勘定に係るデータ処理を行うシステムであり、銀行・信用金庫・信用組合の勘定系システムでは、預金、融資、為替等、勘定科目別の機能（システム）により構成されていることが多い。
5	（個人の）機微情報	プライバシーに係る情報のことであり、『金融分野における個人情報保護に関するガイドライン』（金融庁）においては、次の事項に関する情報を機微情報と定めている。 ・政治的見解 ・信教（宗教、思想および信条をいう） ・労働組合への加盟 ・人種および民族 ・門地および本籍地 ・保健医療および性生活 ・犯罪歴
17	コントロール	リスクを低減するための活動。 たとえば、伝票を起票すること自体はリスクを低減する効果はないためコントロールとはみなさないが、起票した伝票を他の担当者が検証することは、不正防止や記入ミスといったリスクを低減することからコントロールとみなすことができる。 なお、伝票起票時に起票した担当者が起票内容に誤りがないかどうかを確かめる行為は、記入ミスといったリスクを低減するために毎回同じ効果が得られるとは限らないため、通常、コントロールとはみなさない。

頁	用　語	説　　明
54	基本設計	設計工程の一つのフェーズ。 設計工程（設計書）は大きく二つのフェーズに分割することが多いが、基本設計では、要件定義を受け、利用部門において検証可能な内容の設計書（内容を理解するためにはシステム製造に係る知識は不要）を作成する。 なお、本書では基本設計と記載しているが、金融機関やベンダーにおいて工程の考え方や名称はさまざまであることに留意する必要がある。
54	結合テスト	システム開発工程において、製造したプログラムを機能単位等、複数まとめてテストするプロセス。 なお、本書では結合テストと記載しているが、金融機関やベンダーにおいて工程の考え方や名称はさまざまであることに留意する必要がある。
62	為替集中（OCR）システム	銀行・信用金庫・信用組合等の営業店において実施している為替に係る事務をOCR（Optical Character Reader）と呼ばれる光学式文字読取装置を使用して特定の部署で集中して実施することで効率化を図るためのシステム。 具体的には、為替事務用の伝票をOCRで読込システムへ登録することで、システムへの入力作業の効率化を図っている。
72	コーディング	プログラミング言語を用いてソースコードを記述し、プログラムを製造する行為。 本書では、プログラミングと同義と考えて問題ない。
80	コンソール	コンピュータを操作するために必要な入出力装置を備えた制御盤のこと。 一般的に、コンソールでは、OSに対し、直接コマンドを入力することができるため、その取扱いには注意が必要である。
169	キュー	システムが処理するメッセージ等を一時的に格納する場所。

さ行

頁	用語	説明
2	システムリスク	コンピュータシステムの停止、誤作動、不正利用等により、金融機関が損失を被るリスク。 システムリスクが顕在化した事例としては、情報漏えいや大規模なシステム障害による業務停止等がある。
2	システム障害	ハードウェア、ソフトウェア、回線等の不具合により、システムが正常に稼働しない事象。
6	システムリスク管理態勢	残存するシステムリスクを把握・評価し、残存するシステムリスクを低減するための改善活動を行う体制、ルール。 システムリスクに係る定期的な評価活動だけでなく、システム企画、システム開発、システム運用、システム利用、システム監査における体制・ルールもシステムリスク管理態勢の一部に含まれる。
6	サイバー攻撃	ネットワーク経由で国家、企業等のコンピュータシステムに不正アクセスし、システム停止や情報の盗難・破壊等を行う行為。 サイバーテロと呼ばれることもある。
19	セキュリティスタンダード	自社のセキュリティ管理に係る基準集。一般的に、自社のセキュリティ管理に係る方針（セキュリティポリシー）を具体化するための基準を整理したものである。
20	残存リスク	潜在リスクを予防・発見・回復コントロールにより低減した後のリスク。 たとえば、スタンドアロンのパソコンにおける情報漏えいリスクの場合、外部記憶媒体の利用を禁止すると、残存リスクは、パソコンの画面上からの情報漏えいリスクのみとなる。
20	潜在リスク	コントロールをまったく実装しない場合に発生しうるリスク。 たとえば、スタンドアロンのパソコンにおける情報漏えいリスクの場合、外部記憶媒体からの情報漏えいリスク、パソコンの画面上からの情報漏えいリスクが考えられる。

頁	用　語	説　　明
45	設計工程	システム開発工程において、要件定義で決定した要件をふまえ、システム開発のための設計書を作成するプロセス。 設計工程の最終的な目的はシステムを製造するための設計書を作成することである。 ただし、金融機関やベンダーにおいて工程の考え方や名称はさまざまであるが、設計工程（設計書）は大きく二つのフェーズに分割することが多く、要件定義後の最初のフェーズで作成する設計書は利用部門において検証可能な内容（内容を理解するためにはシステム製造に係る知識は不要）とし、次のフェーズでは、システム開発者向けの設計書（内容を理解するためにはシステム製造に係る知識が必要）を作成することが多い。
54	詳細設計	設計工程の一つのフェーズ。 設計工程（設計書）は大きく二つのフェーズに分割することが多いが、詳細設計では、基本設計で作成した設計書を基にシステム開発者がシステムを製造するための設計書（内容を理解するためにはシステム製造に係る知識が必要）を作成する。 なお、本書では詳細設計と記載しているが、金融機関やベンダーにおいて工程の考え方や名称はさまざまであることに留意する必要がある。
54	総合テスト	システム開発工程において、開発したシステムの機能を最終検証するプロセス。 総合テストには、サイクルテスト、運用テスト、性能テスト、障害回復テスト、UAT等が含まれるが、総合テストの考え方や名称については、金融機関やベンダーによりさまざまであることに留意する必要がある。
60	センターカット	たとえば、銀行・信用金庫・信用組合等等において、事前に受け付けていた大量の口座振替処理を振替依頼日当日に実行する場合に利用する処理形式。 処理の形態はバッチ処理が多いが、バッチ処理の場合でもシステム上はオンラインによる処理と同じ扱いとするという特徴がある。

頁	用語	説明
		なお、金融機関やベンダーによっては、センターカットではなく、オンラインリアル等、別の名称を利用していることもある。
61	全銀システム	全国銀行データ通信システムのこと。 銀行・信用金庫・信用組合等内国為替を扱う金融機関が参加・利用しているシステム。
64	システム管理用ユーザID	本書では、オペレーティング・システム導入時にあらかじめ設定してあるユーザIDで、OSの設定変更やユーザIDの作成等、システムの安定稼働やセキュリティに影響する操作を実施することが可能なユーザIDのことをいう。 なお、あらかじめ初期設定してあるシステム管理用ユーザIDだけでなく、当該ユーザIDで別のシステム管理用ユーザIDを作成することも可能である点に留意する。
66	自動運行ツール	ジョブの実行開始時間や実行順序を管理するためのツール。 自動運行だけでなく、監視等の機能をもつシステム運用全般を管理するための運用管理ツールもある。
66	ジョブ・JCL	バッチ処理時に実行する処理をジョブといい、ジョブを実行するために、ジョブの名称、使用するリソース等を定義した言語をJCLという。 JCLは、Job Control Languageの略。
67	ジョブネットワーク	ジョブの走行順序を定めたもの。 バッチ処理では、一般的に複数のジョブを実行するが、走行順番を誤ると正しい処理を行うことができない。
70	スイッチ	ネットワーク機器の一つ。 ネットワーク上の情報の送受信を行い、あるコンピュータから受信した情報を指定されたコンピュータに送信する。 また、情報の送信と受信を同時に行うことができる。
72	侵入テスト	自社内のネットワークへ外部から不正にアクセスできるかどうかのテスト。一般的に専門の業者に依頼し実施する場合が多い。

頁	用　語	説　　明
		ペネトレーションテストともいう。
72	セキュリティパッチ	オペレーティング・システム等のソフトウェアのセキュリティの脆弱性へ対応するためのプログラム群。 ソフトウェアの利用している機能等によっては、必ずしも必須ではない場合もある。 また、自社のシステム環境によっては、他の機能へ影響する場合もあるため、適用する際には、ベンダーへの影響確認等を行うことが必要である。
78	CPU	Central Processing Unitの略。 データの計算・加工や各装置の制御を行っており、コンピュータで最も重要な装置。
80	生体認証	指紋、静脈、網膜等の生体情報を利用して本人確認を行う仕組み。
104	スタンドアロン	インターネットやネットワークを介して他のコンピュータと接続していない状態。
122	サークル・ロック・ドア	入室前の前室として一人しか入れない円形のスペースを確保し、前室には一人しか入れない仕組み。共連れを防止する効果がある。
127	セキュリティシール	サーバーやパソコンの外部記憶媒体の挿入口を物理的に塞ぐためのシール。
175	SWIFT	Society for Worldwide Interbank Financial Telecommunicationの略。 世界各国の金融機関間の金融取引に係る通信の標準化を目的とした共同組合、または、同組合が運営する通信ネットワークとシステムのことをいう。
176	全銀センター	全銀システムを設置しているセンター。

た行

頁	用語	説明
52	テスト環境	開発環境と同義。 利用部門が業務に利用するシステム環境ではなく、システム部門がシステム開発のために利用するシステム環境。 重要なシステムの場合、業務への影響を考慮し専用のテスト環境を構築していることが多いが、多くの金融機関では、専用のテスト環境をもたないシステムも存在している。
54	単体テスト	システム開発工程において、製造したプログラムごとのテストを実施するプロセス。 システム開発においては、プログラム設計・プログラミング・単体テストを一つの工程とみなして進捗等を管理することがある。
69	DC	Data Communicationの略。 DB（データベース）が端末と通信するときなどのトランザクション処理を管理するミドルソフトウェアのこと。
78	ディスク	データを保存するためのハードウェアのこと。
80	共連れ	特定エリアに入室権限をもつ要員が特定エリアに入室する際に、他の要員も一緒に入室すること。
117	TCP	Transmission Control Protocolの略。 インターネットなどでトランスポート層を使った通信処理で使われるプロトコルの一つ。
130	電子証明書	認証局が発行する本人確認用の電子的な身分証明書。 電子証明書はだれでも発行できるため、電子証明書の信頼性を高めるためには信頼のある認証局に発行してもらう必要がある。
143	タイムスタンプ	システム開発・システム運用においては、プログラム等の資産を作成・更新した日時を意味する。 たとえば、最終のテストを合格したプログラムと本番反映したプログラムが同じものであることを検証するために、タイムスタンプが利用される。

用語説明　249

頁	用　語	説　明
159	テスト密度	品質を定量的に把握するために使用する指標の一つ。 一般的には、テスト工程において、テストケース数／プログラム規模（ステップ数）等によって表される。 ベンダーによっては、目安となる指標をもっている場合もあるが、システム開発の規模や難易度等により変動するものであるため、品質評価のための絶対的な指標として活用するのではなく、品質評価のための一つの指標として活用することが一般的である。
169	タスク	コンピュータが行う処理の最小単位。 利用者がコンピュータに対して処理の命令を行うと、コンピュータは、当該命令をタスクに分割し処理している。

は行

頁	用　語	説　明
49	標準化	システム開発で使用されることが多い用語であるが、システム運用においても使用される。 たとえば、システム開発では、プログラムの製造方法、設計書に記載する項目等に一定の基準・規則を定める（標準化する）ことで、システムの品質確保とともに、検証作業の効率化を図ることができる。 また、システム運用においては、オペレーション用の手順書の標準化（記載項目の統一等）を図ることで作業ミスを防止（システム運用に係る品質確保）することができる。
51	本番適用（リリース）	開発したシステムを利用部門が業務で使用できる状態にすること。 一般的に本番適用（リリース）に係る手順・仕組みを整備することで、短期間で本番適用（リリース）作業は完了するが、大規模なシステム開発の場合、あらかじめ整備した本番適用（リリース）に係る手順・仕組みを利用できないことが多く、当該システム開発専用の手順・仕組みを整備しなければならない場合がある。このような

頁	用語	説明
		場合には、本番適用（リリース）作業にも数日要することがある。
52	バッチ	データを一括して加工する処理。 かつては、オンライン停止後に行うバッチ処理（「夜間バッチ」といわれることがある）が一般的であったが、現在は、オンライン中に実施するバッチ処理もある。
54	プログラム	システム（アプリケーション）で行う処理を記述したもの。
54	プログラム設計	システム開発工程において、設計工程で作成した設計書に基づき、プログラミングのための仕様書（設計書）を作成するプロセス。 システム開発においては、プログラム設計・プログラミング・単体テストを一つの工程とみなして進捗等を管理することがある。
54	プログラミング	システム開発工程において、プログラム設計で作成した仕様書（設計書）に基づき、プログラムを製造するプロセス。 システム開発においては、プログラム設計・プログラミング・単体テストを一つの工程とみなして進捗等を管理することがある。
63	プログラムライブラリ	システム上でプログラムを格納しておく場所。 プログラムライブラリへのアクセス管理が厳密でない場合には、たとえば、プログラムを不正に修正することで、システムを停止したり、顧客情報を外部に送信したりすることが可能になるため、システムの安定稼働やセキュリティ面でのリスクが高くなる点に留意する必要がある。
71	HUB	ネットワーク機器の一つ。 ネットワーク上の情報の送受信を行うことができるが、同時に送受信することができない。 また、情報の送信元や指定された送信先を識別することができないため、受け取った情報をHUBに接続しているすべてのコンピュータに送信することになる。

頁	用　語	説　　明
71	ハングアップ	システムが入力等操作を受付けることができなくなり、システム内で実施している処理も停止している状態。
83	バグ	システムに組み込まれたシステム障害の原因。
87	品質マネジメントシステム	品質水準を確保するための体制・ルール等の仕組み全般のこと。
98	ファイルサーバー	イントラネット等ネットワーク上でファイルを共有するために設置するサーバーのこと。
116	ポート番号	コンピュータ機器において実際にデータ通信が行われる個所をポートという。ポート番号は通信に使用するプロトコルごとにあらかじめ決められている。
116	パケット	データ通信を行う際のデータの固まり。 送信するデータに加え送信先のアドレス等の制御情報を含んでいる。
121	VPN	Virtual Private Networkの略。 実際には多数の利用者が利用している公衆回線だが、通信業者の技術により専用回線を利用している場合と同様のセキュリティ水準を確保したネットワーク。 企業内の拠点間を接続するネットワークとして活用している事例が多くみられる。
125	pingコマンド	ネットワークの疎通を確認したい場合に使用するコマンド。 pingコマンドにより、ネットワーク上、接続しているはずのネットワーク機器やパソコン等の疎通を確認することができる。
159	バグ検出密度	品質を定量的に把握するために使用する指標の一つ。 一般的には、テスト工程において、バグ発生件数／テストケース数、バグ発生件数／プログラム規模（ステップ数）等によって表される。 ベンダーによっては、目安となる指標をもっている場合もあるが、システム開発の規模や難易度等により変動するものであるため、品質評価のための絶対的な指標として活用するのではなく、品質評価のための一つの指標として活用することが一般的である。

頁	用　語	説　　明
166	ファームウェア	ハードウェアに組み込まれたハードウェアを制御するためのプログラム。 ハードウェアの初期設定や故障検知などを行う。
169	バッファ	複数のコンピュータ間でデータをやりとりする際に一時的にデータを格納しておく領域のこと。

ま行

頁	用　語	説　　明
55	無影響確認テスト （リグレッション・テスト）	システム開発により、修正していないシステムや機能へ影響がないことを確かめるためのテスト。 大規模なシステム開発の場合等、システム開発の影響範囲の特定がむずかしい場合や、影響があった場合の業務上のインパクトが大きい場合に実施することが多い。
63	ミドルウェア	オペレーティング・システムとアプリケーションの中間に位置するソフトウェア。 たとえば、データベース管理ソフト等、複数のアプリケーションで利用するような共通的な機能をもつものがある。
65	マスキング	システム開発・システム運用においては、個人情報を判別不能な状態にすることを意味する。 たとえば、システム開発において個人情報を含んだデータをテストに利用する際には、一般的にはマスキングしたうえで利用することが多い。
65	メインフレーム	企業の基幹業務に使用されることが多い大型のコンピュータ。 電源、CPU等のパーツの冗長化が図られており、一般的にはいわゆるサーバーよりも耐障害性が高いといわれている。 汎用機、ホストということもある。
78	メモリ	CPUが直接読み書きできる装置であり、データやプログラムを記憶しておくためのもの。外部記憶装置と異なり、CPUが直接読み書きできるため、一般的にメモリの容量が大きければコンピュータの処理速度も速くなる。

頁	用　語	説　　明
142	モジュール関連図	システムを構成する機能をモジュールという。モジュール関連図は各機能の関連等の構成を表した設計書の一つ。

や行

頁	用　語	説　　明
45	要件定義	システム開発工程において、システム開発のための要件を検討・決定するためのプロセス。要件定義では、業務面での要件とシステム面での要件とを決定する必要があり、業務面での要件確定には、一般的に利用部門の関与が必要といわれている。
49	ユーザ検証（UAT）	利用部門が行う検証。一般的には、総合テストの最終工程として実施する。実際にシステムを利用する利用部門が、実際に業務を行うことができるかといった観点での検証を行う。
113	UNIX	オペレーティング・システムの一つ。UNIX系のOSとしては、AIX、Linux、Solaris等複数存在している。
117	UDP	User Datagram Protocolの略。インターネットなどでトランスポート層を使った通信処理で使われるプロトコルの一つ。
127	USB	Universal Serial Busの略。コンピュータに周辺機器を接続するための規格の一つ。

ら行

頁	用　語	説　　明
22	リスクアプローチ	リスクの高い分野に優先的に資源を配分することで、効率的かつ効果的な対応を行う手法。システム内部監査においては、自社内のシステムリスクの高い領域を特定し、当該領域を優先して監査を実施することがリスクアプローチとなる。

頁	用　語	説　　明
70	ルータ	ネットワーク機器の一つ。 スイッチやHUB同様、ネットワーク上の情報の送受信を行うための装置で、異なるネットワーク間の情報の送受信が可能という特徴をもつ。 また、製品によっては、ファイアウォール等のセキュリティの機能をもつものもある。
73	RAID	Redundant Arrays of Independent（Inexpensive）Diskの略。 複数台のディスクを1台のディスクとみなして運用することで、物理的に1台のディスクが故障してもシステムを稼働することを可能とした技術。 RAID 0からRAID 5までの6種類の構成がある。
92	ライブラリアン	システム開発・システム運用におけるライブラリアンとは、プログラムや重要なデータ等の取扱いを管理する要員をいう。 一般的には、セキュリティ確保のためにシステム開発を行わないシステム運用部門の要員が担当することが多い。
122	ローターゲート	回転式ゲートのこと。一人用のローターゲートとすることで共連れ防止の効果がある。
172	ループ状態	システムが同じ処理を繰り返すことで後続の処理が行えなくなった状態。システム自体は停止しているわけではないが、ループ状態になると他の処理を行えないことが多く、結果としてシステムが利用できない状態となる。

事項索引

【A～Z】

DB再編成 …………………………68
IDS ………………………………118
IPS ………………………72, 116, 118
ITに係る業務処理統制 ……………12
ITに係る全般統制 …………………11
PDCAサイクル ……………………23
SOC 1 ………………………………13
SOC 2 ………………………………13
SOC 3 ………………………………13
SOCR ………………………………12
Trustサービス ……………………14
UAT …………………………………52

【ア行】

アクセス権限管理 ………………112
アクセス権限の分離 ……………124
アプリケーションゲートウェイ
　方式 ……………………………116
暗号化 ……………………………120
インターネット・メールの利用
　制限 ……………………………130
オフサイト・バックアップシス
　テム ……………………………75
オペレーション管理………………88
オンライン処理……………………78

【カ行】

会計監査……………………………10
改善計画書…………………………39
開発環境……………………………63
開発工程管理の標準化……………54
開発品質……………………………45

外部委託業務のシステムリスク
　評価 ……………………………137
外部記憶媒体………………81, 127
稼働状況の監視……………………91
可用性…………………………18, 25, 77
為替システム………………………61
簡易システムリスク評価…………23
監査結果講評会……………………36
監査結果通知書……………………37
監査対象範囲………………………29
監査調書……………………………38
監査目的……………………………29
完全性…………………………18, 25, 81
機器管理……………………………93
危機レベル ………………………180
基盤系………………………………62
機密性…………………………18, 25, 80
給与振込……………………………59
共同化システム……………………85
業務戦略……………………………46
業務要件定義………………………48
金融検査……………………………15
経営戦略……………………………46
結果事象 …………………………177
原因事象 …………………………177
検査…………………………………17
口座振替……………………………59
コントロール………………………17
コントロール状況の把握…………26
コンピュータウィルス対策 ……128

【サ行】

サーキットレベルゲートウェイ
　方式 ……………………………117

再発防止策……………………95, 157
残存リスクの評価………………………26
事実誤認の確認…………………………34
システム運用の標準化…………………87
システム化案件…………………………45
システム外部監査…………………16, 41
システム稼働環境……………………123
システム構成……………………………65
システム内部監査…………………16, 41
システム内部監査計画…………………27
システムの重要度評価………………100
システムの重要度分類…………………25
システムの制限値………………69, 169
システムの棚卸…………………………99
システムリスク管理態勢………………6
実現可能性………………………………97
自動運行ツール…………………………66
準拠性……………………………………97
障害訓練………………………………185
障害傾向分析…………………………161
障害原因……………………………95, 154
情報の破壊・改ざん……………………80
情報の漏えい……………………………81
職務の分離………………………………85
ジョブネットワーク……………………67
処理の正当性……………………………82
整合性……………………………………97
脆弱性評価……………………………102
セキュリティ教育……………………132
潜在リスク………………………………25
総合振込…………………………………59

【タ行】

通信サーバー……………………………71

【ナ行】

内部統制監査……………………………10

日本銀行考査……………………………16
ネットワーク……………………………70

【ハ行】

パケットフィルタリング方式 ……116
パスワード管理………………………114
バックアップ・リカバリ………………73
発見事項・改善課題……………………35
バッチ処理………………………………79
ファイアウォール………………72, 116
フォローアップ…………………………39
物理的侵入防止………………………122
変更管理…………………………67, 119
保守期限…………………………………72
保守容易性………………………………98
本調査……………………………………34
本人確認………………………………111

【マ行】

無影響確認………………………………54
網羅性……………………………………97
持込み／持出し制限…………………131
モニタリング…………………………106

【ヤ行】

要員管理…………………………………86
予備調査…………………………………33

【ラ行】

リスクアプローチ………………………22
リスクシナリオ……………………173, 180
リスク対策……………………………104
利便性……………………………………98
リモート接続・対応………118, 144
流量制御…………………………………70
利用部門の関与……………………49, 51
レビュー…………………………………56

金融機関のシステム監査の実務
──実効性ある監査のために──

平成24年4月5日　第1刷発行

編著者　新日本有限責任監査法人
発行者　冨　川　　　洋
印刷所　図書印刷株式会社

〒160-8520　東京都新宿区南元町19
発行所・販売　株式会社きんざい
編集部　TEL 03（3355）1770　FAX 03（3355）1776
販売受付　TEL 03（3358）2891　FAX 03（3358）0037
URL http://www.kinzai.jp/

・本書の内容の一部あるいは全部を無断で複写・複製・転訳載すること、および磁気または光記録媒体、コンピュータネットワーク上等へ入力することは、法律で認められた場合を除き、著作者および出版社の権利の侵害となります。
・落丁・乱丁本はお取替えいたします。定価はカバーに表示してあります。

ISBN978-4-322-11977-0